2023 年度河北省社会科学发展研究课题"新时代河北省地方高校人才培养模式助力养老产业发展研究"（课题编号：20230205001）

大学生劳动教育及高校人才培养模式探究

马 然 著

中国纺织出版社有限公司

内 容 提 要

本书主要讲述了两部分的内容，第一部分在介绍劳动教育基本认知的基础上，通过研究劳动教育现状与对策、劳动精神培养路径和劳动教育实践为高校更好地开展劳动教育提出建议，并在最后强调劳动教育在人才培养中的重要性，以引起相关工作人员的重视；第二部分主要探究创新型和应用型人才的培养模式以及当前地方高校人才培养模式的创新，旨在促进高校人才培养模式的与时俱进与创新发展。

本书内容翔实、层次分明，适合高校教育工作者及相关研究人员学习使用。

图书在版编目（CIP）数据

大学生劳动教育及高校人才培养模式探究 / 马然著. -- 北京：中国纺织出版社有限公司，2024.5. -- ISBN 978-7-5229-1885-3

Ⅰ．G40-015；G649.2

中国国家版本馆CIP数据核字第20248PL775号

责任编辑：史　岩　李立静　　责任校对：李泽巾
责任印制：储志伟

中国纺织出版社有限公司出版发行
地址：北京市朝阳区百子湾东里A407号楼　邮政编码：100124
销售电话：010—67004422　传真：010—87155801
http://www.c-textilep.com
中国纺织出版社天猫旗舰店
官方微博 http://weibo.com/2119887771
天津千鹤文化传播有限公司印刷　各地新华书店经销
2024年5月第1版第1次印刷
开本：710×1000　1/16　印张：13.5
字数：280千字　定价：99.90元

凡购本书，如有缺页、倒页、脱页，由本社图书营销中心调换

前　言

当今我国正处于"新时代复兴之路"的高速轨道上，时代使命迫切要求我国加快从人口大国向人力资源强国转型的步伐，而其中具有实干精神和创新能力的新时代高素质人才是构建人力资源优势的基石。大学生是中国特色社会主义事业的接班人，是社会主义现代化建设的生力军和主力军。在此背景下，抓好高校大学生的劳动教育成为高等教育人才培养的重要课题之一。

劳动创造了财富，也创造了人。生活靠劳动创造，人生也靠劳动创造。劳动把人的知识、能力、智慧、思想、道德、情操等融为一体，提升人的整体素质，具有综合的育人功能和独特的育人价值。劳动教育是马克思主义教育思想的核心内容，是中国特色社会主义教育的标志性特征。新时代加强大学劳动教育是全面贯彻党的教育方针的基本要求，也是落实立德树人根本任务的有效途径。

当今社会经济和技术的快速发展对大学生人才培养提出了更高的要求，要求更多的创新型和应用型人才，以满足经济转型、技术进步及产业升级的需求。人的知识、智力、人格、能力等创新、实践素质养成于集"教、学、习"三位于一体的教育训练即学校教育中，尤其是高校教育。为此，我们要在"专、思、创"相结合的大思政背景下，坚持正确的价值观引领，夯实专业知识，并在此基础上通过创新创业能力培育提升大学生的实践能力。同时，要提倡和坚持高校关于大学生创新素质、应用能力提升教育的全员面向、志向优先、个性放飞和双向参与，要不断革新高等院校教育的理念和方法，培养优质的创新型及应用型人才，并使其积极投身于新时代社会和经济的发展及建设。

本书共分为八章。其中第一章阐述了劳动教育的内涵、内容、价值及新时代劳动教育观念；第二章分析了当前大学生劳动教育的现状，探讨了大学生的劳动价值观和劳动素养等问题，并提出了相应的对策；第三章分别对大学生劳动精神、劳模精神、工匠精神的内涵及培养路径进行了研究；第四章探索了大学生劳动教育的实践，包括生活技能实践、社会服务实践以及志愿活动实践；第五章探讨了劳动教育在高校人才培养中的重要性，提出了大学生劳动教育人才培养的路径；第六章和第七章分别对高校创新型人才及应用型人才的培养模式进行了研究；第八章则对当前地方高校人才培养模式的创新及其作用进行了探讨。

  本书在写作过程中参考了众多专家学者的最新研究成果，在此表示诚挚的感谢！由于时间和精力的限制，加之水平有限，本书内容可能存在疏漏，恳请广大学者予以批评指正，以便今后修改完善。

马然
2024 年 1 月

目 录

第一章 劳动教育的科学认知 …………………………………… 001

　　第一节　劳动教育的内涵解读 ………………………………… 001
　　第二节　大学生劳动教育的内容及价值分析 ………………… 010
　　第三节　树立正确的新时代大学生劳动教育观念 …………… 016

第二章 新时代大学生劳动教育现状分析及对策研究 ………… 027

　　第一节　大学生劳动教育现状分析 …………………………… 027
　　第二节　大学生劳动素养现状分析 …………………………… 035
　　第三节　提高大学生劳动素养的对策 ………………………… 040

第三章 大学生劳动精神及培养路径研究 ……………………… 049

　　第一节　大学生劳动精神及培养路径 ………………………… 049
　　第二节　大学生劳模精神及培养路径 ………………………… 052
　　第三节　大学生工匠精神及培养路径 ………………………… 061

第四章 大学生劳动教育实践探索 ……………………………… 067

　　第一节　大学生劳动教育生活技能实践 ……………………… 067
　　第二节　大学生劳动教育社会服务实践 ……………………… 075
　　第三节　大学生劳动教育志愿活动实践 ……………………… 078

第五章　重视劳动教育在高校人才培养中的重要性 089

第一节　高校人才培养内涵认知 089
第二节　高校人才培养模式分析 096
第三节　劳动教育在高校人才培养中的现实意义 102
第四节　高校大学生劳动教育人才培养路径探析 107

第六章　高校创新型人才培养模式探究 109

第一节　高校创新型人才培养概述 109
第二节　高校创新型人才培养机制 117
第三节　高校创新型人才培养模式 129

第七章　高校应用型人才培养模式探究 149

第一节　高校应用型人才培养概述 149
第二节　高校应用型人才培养体系 155
第三节　高校应用型人才培养模式 159

第八章　地方高校人才培养模式创新及作用探究 171

第一节　推进以学生为中心的教学改革 171
第二节　构建"双师型"师资队伍 176
第三节　实行产教融合人才培养模式 181
第四节　提升大学生思想道德素养 188
第五节　提高大学生创新素质 195
第六节　提升大学生创新创业能力 201

参考文献 205

第一章 劳动教育的科学认知

劳动教育在中国特色社会主义教育体系中占有十分重要的地位，也是中国特色社会主义教育体系的一大特色。中国共产党领导下的大学生劳动教育必须坚持马克思主义劳动观这一根本立场，用习近平新时代中国特色社会主义思想作指导。高校应在促进大学生德智体美劳全面发展的基础上，将劳动教育与大学生的生活实际相结合，把重点放在强化劳动技术教育和职业技能教育上。

第一节 劳动教育的内涵解读

一、什么是劳动

（一）劳动的概念

劳动是一个由来已久的概念，国内外不少学者对劳动进行了哲学上、经济学上、法学上的探讨。从哲学的角度来看，劳动是人为了满足自身需要而改造劳动对象的有目的的活动。

劳动具有自然和社会双重属性。劳动是人类的一种本质活动。只有在参与劳动之后，才可以成为真正的人。人在劳动过程中能够与外界自然发生物质、能量的交流，从而维持、延长人类的生命，实现人的自我解放与自我实现。劳动既是人类生存和发展的物质财富来源，又是人类赖以生存和发展的基础。同时，劳动也是连接知识世界、生活世界和工作世界的重要桥梁，是生活认知和生命认知的重要方式。

通过对劳动概念的梳理，我们可以发现，劳动是一种特殊的人的实践活动，是一种社会性的活动。

（二）劳动的本质

1. 劳动是带有目的性的人类活动

劳动是人为满足自身需要而有意识地改造自然界物质的行为。人在生产生活资料的同时，也在间接地生产自身的物质生活。纵观人类发展史，其实际上就是对自然的改造和利用的过程。为了实现自由而全面的发展，人类积极地进行技术革命和创新，使人类社会不断地发生变化和发展，在物质生活方面取得了巨大的成就，极大地满足了人类的生存和发展需要。

这一目的性是劳动得以实现教育价值的先决条件。大学生一旦进入高校，就会开始为将来进入社会做最后的冲刺和准备，这既是对知识结构的完善，又是对能力素质的提高，还是对社会认知的整合，这一过程也可以被看作一种劳动。在这种以职业目标和未来社会公民角色为指导的劳动创造中，高校要以学生的成长需要和国家的发展为导向，有意识地设计一系列活动，并引导学生主动参与。在学校组织的劳动活动中，大学生可以充分发挥自己的主观能动性，解决问题，排除困难，达到个人能力发展和素养提高的目的，从而树立马克思主义劳动观，增强做社会主义建设者和接班人的使命感和价值感，这也是劳动教育的最终价值。

2. 劳动是劳动主体借助劳动工具改造劳动客体以实现劳动目标的实践活动

就其构成要素而言，劳动包含主体、客体、工具和目标四个要素，四者共同组成了一个完整的劳动行为。

马克思把劳动看作人的内在本质，这就把人与动物区别开来。在一定意义上，人本身就是由劳动创造出来的。劳动是人们实际运用某种劳动工具对物质生产资料进行改造的实践活动，在对物质资源进行改造的过程中，人们必须要和他人合作，并形成劳动关系。正是这些劳动关系的维持，才能使人类文明社会得以发展和进步。因此，以劳动为基础的劳动关系推动着人类社会的发展和进步，一切劳动都以某种劳动关系为基础，不能脱离劳动关系而单独存在。

二、什么是劳动教育

劳动本身具有"教育"的含义，劳动教育是以体力劳动和物质生产劳动为基础，在家庭、职业、社会三个层面上进行的一种教育活动。

劳动教育的内涵可以概括为"劳动+教育"。但是，劳动教育并非教育与劳动的简单叠加，而应是两者的结合。从教育性的角度来说，劳动教育是一种劳动的教育，教育者要对学生进行劳动知识、劳动技能、劳动态度和劳动情感的教育；从劳动性的角度来看，劳动教育是一种教育的劳动，在劳动中，学生的劳动知识、劳动技能、劳动态度以及劳动情感等都在劳动中得到了更深程度的发展。

《教育大辞典》以实践为基础定义劳动教育，指出劳动教育包括劳动、生产、技术、劳动素质，以培养学生正确的劳动观、劳动态度和劳动习惯为重点，让学生掌握生产所必备的基本知识和技能。

三、劳动教育的特征

（一）加强劳动观教育，促进劳动精神的弘扬

在新时代开展劳动教育，必须树立正确的劳动观。在劳动课程中，要明确劳动理念，培养劳动意识，增强劳动感情，树立正确的"劳模精神""工匠精神"等价值观念，引导学生尊重劳动、热爱劳动，摒弃不劳而获的思想，坚定用劳动创造美好生活的信念。

1. 崇尚劳动

劳动是财富和快乐之源。在这个世界上，美好的梦想只能靠诚实的劳动来实现；只有诚实劳动，才能解决发展中的种种难题；生命中所有的荣耀都是靠诚实的劳动创造出来的。当代大学生应该认识到，劳动是人类社会发展的根本动力，是创造美好生活的源泉。

2. 尊重劳动者

我们所说的人民，其重心是劳动人民；我们所说的群众，其重心仍然是劳动群众。对普通劳动者要尊重，脑力劳动者和体力劳动者都应受到尊重。劳动模范、英雄人物是劳动者中的优秀代表，他们所表现出来的劳模精神既体现了民族精神，又体现了时代精神，是新时代的力量源泉，更加值得世人的尊敬。

3. 弘扬时代精神

新时代的劳动精神、劳模精神和工匠精神主要体现为爱岗敬业、争创一流、艰苦奋斗、勇于创新、淡泊名利、甘于奉献等。作为新一代大学生，我们

要尊重劳动、尊敬劳模，钟南山院士、李兰娟院士，冒着生命危险奋战在第一线的医护人员，还有许许多多抗击疫情的普通志愿者、警察，都是值得我们学习的榜样。

（二）强调身心参与，注重手脑并用

新时代的劳动教育注重身体和心理的参与，注重手脑并用，强调在劳动中获得知识、技能和价值观，提升职业技能，增强职业荣誉感和责任感，培养一种积极主动和认真负责的劳动态度。

1. 深化劳动教育理念

劳动教育肩负着学生全面发展的重任，肩负着社会进步的重任。劳动的背后是一种人生观念、社会责任和生命精神。大学生劳动教育不应只是一种互不衔接、缺乏整合的劳动行为，而应形成完整的劳动认知结构与价值观念。

2. 具有必备的劳动能力

劳动教育不仅是素质教育，更是一项需要不断体验的能力训练。新时代的劳动教育要遵循课程逻辑与教育教学规律，保证劳动教育的时间、空间、内容、条件、过程，让受教育者通过系统的劳动教育培养基本的劳动能力，达到实践与精神的共同发展。

3. 养成良好的劳动习惯

作为从事社会生产实践的准劳动者，大学生既要热爱劳动，又要懂得劳动，还要能干、肯干。在劳动教育和实际劳动中，大学生要养成良好的劳动习惯，在生活中加强自律、刻苦学习、注重节约资源、悉心维护环境，在力所能及的范围内体验劳动的乐趣、体会劳动的伟大。

（三）拓宽劳动途径，实现教育方式创新

新时代的劳动教育注重的是劳动育人和实践育人的优良传统。它扩大了劳动的途径，对教育方式进行了创新：与专业课程学习相结合的实践活动或者是参加社团活动；深入社区、乡村和街道，进行志愿服务；大学生可以利用业余时间或者节假日去做家教，或者兼职等。具体来说，大学生获得劳动教育的途径主要包括四大类：日常生活劳动、社会实践劳动、职业体验劳动、创新创业劳动。

1. 日常生活劳动教育

大学生要坚持做好日常生活劳动，做好宿舍卫生清洁工作，根据个人生活养成个人卫生习惯；学会做饭、整理和收纳等基本技能，培养独立生活能力；自我管理生活，培养自立自强的意识。

2. 社会实践劳动教育

大学生要积极参与志愿服务、勤工助学、寒暑期社会实践等，运用自己的知识和技能去帮助他人和社会，培养自身的服务意识，锻炼自己的服务能力，并在公益劳动和志愿服务中增强社会责任感，培养社会公德心和爱国爱民的感情。

3. 职业体验劳动教育

职业体验劳动教育是指通过实验实训和校外实践，使学生参与实际的生产和服务性劳动，增强学生的职业认同感和劳动自豪感，培养他们不断探索、精益求精、追求卓越的工匠精神，培养他们热爱工作、热爱劳动的精神。

4. 创新创业劳动教育

创新创业劳动教育是指在劳动实践中，通过专业实践、毕业实习、社会服务等对学生进行创新思维的培养，让其学习大数据、人工智能等新兴技术，探索新工艺，采用新的方法开展创新劳动，从而提升学生的创新创业能力。

四、高校开展劳动教育应遵循的原则

高校要全面加强劳动教育，必须结合时代特点和大学生的行为特征，坚持目的性与规律性的统一，既要符合我国高等教育的基本方针和目标，又要符合当代大学生的身心发展规律，还要符合新时代劳动教育的发展规律。因此，在全面加强劳动教育的过程中，高校一定要坚持思想性、协同性、时代性、系统性和创新性的基本原则，不断提高劳动教育的教学与研究水平。

（一）思想性原则

无论是将劳动教育看作一门课程，还是把它当作技能实践的手段，高校都要坚持思想第一的原则，要将思想教育和劳动教育结合起来，突出劳动教育的价值塑造功能。高校实施立德树人的根本任务是培养社会主义建设者和接班人，而全国教育大会提出要为社会主义培养德智体美劳全面发展的人才，这要

求对大学生进行价值导向教育。劳动教育是高校教育体系中的一个重要组成部分，起着培养大学生劳动情感、端正其劳动态度、培养其劳动品质、锤炼其劳动技能的重要作用，是引导大学生树立马克思主义劳动价值观的重要支柱。所以，高校要在系统地推进劳动教育的进程中坚持思想性原则，保证劳动教育的价值导向。

1. 把社会主义核心价值观教育贯穿于整个劳动教育之中，做到知行兼备

社会主义核心价值观是对马克思主义思想理论的继承，是中国传统文化精华的结晶，对巩固马克思主义在意识形态领域的指导地位，促进人的全面发展具有十分重要的意义。社会主义核心价值观短小精悍，易于记忆，能够为实现中国梦凝聚起强大的力量。在对大学生开展劳动教育时，要把社会主义核心价值观贯穿于劳动教育的全过程，挖掘其中深刻的思想教育内涵，创造出一批既有思想性、教育性又有劳动性的实践教育项目，使思想教育与实践教育融合共生。

2. 在劳动教育中充分体现"劳动托举中国梦"的思想

大学培养的是能够担当民族复兴重任、实现中国梦的高素质人才，应具有良好的素质和德行。而每个社会主义建设者都是劳动者，他们用自己的劳动为实现中国梦添砖加瓦。因此，要在学生的教育中融入实干兴邦的理念，使学生对时代发展和社会进步有一个全面的认识，准确地进行自我定位，从而树立起正确的择业观和就业观，在脚踏实地的劳动中提高自己的品德修养、增加自己的学识见识、培养奋斗精神、提高综合素质，在推进社会主义现代化的伟大进程中实现个人的价值。

（二）协同性原则

劳动教育是一项系统工程，需要多方面的协作才能促进大学生的劳动教育。学校要处理好家校关系、师生关系、校企关系，在充分利用好校园课堂这一教育主要阵地的基础上，充分发挥家庭、企业和社会在培养学生劳动能力、提高学生劳动素养、培育学生良好劳动习惯中的协同作用。

首先，家庭是劳动教育的首要场所，劳动教育必须抓住第一个"场域"——家庭。家庭是儿童社会化的最初场所，是儿童的劳动习惯、态度、技能的启蒙场所。高校全面加强劳动教育需要家校共同努力，充分发挥家庭在学

校劳动教育中的基础支撑作用。高校要准确地掌握学生的劳动情况，掌握学生的劳动能力水平和劳动态度，在全面调查的基础上培养大学生正确的就业观。就业观是大学生对就业问题的基本看法，是大学生劳动素质的综合体现，具体体现了大学生的责任心、敬业精神。

其次，充分发挥企业与社会对培育劳动者良好劳动素质和高超劳动技能的支撑作用。高校劳动教育应充分利用企业这个平台，将理论与生产实践紧密联系起来，形成个性化的人才培养模式。作为一个处于时代前沿的企业，他们对高科技和工业升级是最敏感的，高校可以以实践项目为基础，和企业一起建立实习实践基地，把学生们从学校里带出来，让其进入企业，在付出和流汗的过程中体会劳动的艰辛，在建立和维护劳动关系中学会如何去了解社会。只有在实践中磨砺出来的人，才能对产业的发展有一个清晰的了解，才能对产业升级有更深刻的认识，才能贡献出自己的青春和智慧，为国家经济和产业的发展做出贡献。

最后，加强学校与企业的联动，建立企业与学校之间的互利合作关系。要组织大学生深入企业一线，发挥他们的聪明才智，帮助企业实现产业升级、技术升级。大学生正处在人生的黄金时期，他们思维灵活、体魄强健，对新生事物有较强的接受能力和包容性，可以进行跨界合作与交流，为推动全产业链转型提供重要的智力支撑。高校大学生劳动教育应打破专业界限，利用新技术、吸收新观念，培养具有完善知识结构和较强技术能力的现代工业技术人才。通过校企合作，吸收学生到企业进行连续性的生产实习，充分利用学生在学校积累的丰富理论知识，鼓励学生大胆地尝试、大胆地创新，从而不断完善推动行业发展的法则，促进企业的产业和技术升级。

（三）时代性原则

要全面推进劳动教育，就必须把握劳动的时代特征，深刻把握劳动的"变"和"不变"，在阐明劳动"变"与"不变"的同时，促进劳动教育在实践中生根发芽。

1. 明确"不变"在劳动教育中的作用

这里所说的"不变"指的是劳动价值观念不变，是指劳动者对自然进行改造，从而实现人与人之间以及人与物之间的连接。是劳动创造了历史，劳动创造了人本身。

劳动是人的一种必不可少的活动。"劳动光荣"和"创造伟大"是人类文明发展规律的重要诠释。这也是劳动教育必须始终贯彻的核心内容。随着科技的进步、人工智能的全面发展，机器取代了人，让更多的人摆脱了劳动的束缚。但是，人们创造了历史，劳动创造了未来，劳动是人类社会前进的根本动力这一点并没有变，世界上所有的美好梦想都只能在诚实的劳动中实现。只有诚实劳动，才能解决发展中的种种难题。生命中所有的荣耀都是靠诚实的劳动而铸就的。高校要抓住劳动教育的这一基本特征，用更加生动、亲切和吸引人的方式把劳动的本质属性讲深、讲透、讲活，使学生入耳、入脑、入心，从而改变学生的劳动观，培养具有马克思主义劳动观的新时代高素质人才。

劳动教育"不变"体现了劳动价值观念，对大学生的价值观教育具有重要意义。高校劳动教育引导大学生转变观念，认识劳动创造的无限潜力，认清劳动技能对中国社会主义现代化建设的根本和核心作用，全面提升大学生的劳动价值观。

2. 对劳动教育的"变"要全面理解，全面把握新时代劳动的多样性

在对大学生进行劳动教育的过程中，要让学生进行各种形式的劳动，如体力劳动与脑力劳动、简单劳动与复杂劳动、有偿劳动与公益劳动、个体劳动与群体劳动、创造性劳动与重复性劳动、生产劳动与非生产劳动等。不能简单地把劳动简化成某一种形式，也不能将各种劳动的优劣加以比较。要对学生进行系统、全面的讲解，使学生真正理解和认识到，无论是体力劳动还是脑力劳动，是简单劳动还是复杂劳动，凡是对我国社会主义现代化建设有贡献的劳动，都是光荣的，都应当得到承认和尊重。

劳动关系本质上是一种生产关系，它是人与人之间、人与物之间的关系，其受到社会生产力的制约与影响。高校在进行劳动教育理论教学时，要向学生说明新时代劳动关系的复杂程度，让学生通过这些现象看到劳动关系的实质，对不同形式劳动的价值及其深远意义有一个正确的认识，对劳动的结果给予应有的尊重，同时也要了解新时代劳动所需的素质和能力，积极参与各种劳动，切实地把劳动看作实现自我价值的唯一途径。

劳动教育之"变"体现了社会生产力的进步。在新时代背景下，大学生的

劳动教育要与时俱进，保持对新技术和新业态的敏锐感知，及时把行业的最新发展讯息和技术传授给学生。

（四）系统性原则

所谓系统性原则，就是指在推进劳动教育时要站在整体视角、运用整体思维。要坚持育人一盘棋的思想，对劳动教育和知识型教育的独立和整合进行统筹规划，优化资源配置，形成有效的育人合力。

1. 设置独立的劳动教育课程

作为一门独立开设的劳动教育课，应对学生进行系统的劳动教育。高校需要构建以劳动价值观念、情感态度、知识技能和品德为核心的劳动教育课程体系；要注重劳动价值观、情感、关系、伦理和安全等方面的内容，引导学生构建劳动科学的知识框架；通过系统的理论教育，引导学生树立正确的劳动价值观，树立积极的劳动情感，构建和谐的劳动关系。劳动教育理论就是要让学生明白劳动是什么、为什么要劳动、怎样劳动，这对于学生来说是对劳动及劳动价值有一个正确的认识，让学生学会珍惜劳动成果、尊重劳动和劳动创造。

2. 以制度改革为重点，夯实劳动教育体制基础

要全面加强大学生劳动教育，必须以育人为本，从制度和机制上进行改革，为劳动教育落地生根提供制度支持。高校要把培养人才作为中心工作，把组织育人、管理育人、服务育人、心理育人、资助育人、文化育人和网络育人进行有机结合，坚持全员参与、全程管理、全方位教育，做到"知、情、意、行"相结合，提高高校劳动教育的育人水平。

3. 坚持整体育人思路，构筑劳动教育的"1+n"实施体系

劳动教育是一种理论、知识、科学和实践相结合的教育，它不仅有助于教师完善知识结构，还可以激发学生向善向美的潜力。要将劳动教育和思想政治教育、职业生涯教育、校园文化、社会实践等结合起来，还要把第一、二、三课堂有机结合起来，打造全过程的劳动教育课程。

（五）创新性原则

要加强大学生的劳动教育，就必须在继承传统的基础上，结合新时代大学生群体的特点，进行教学方法的创新，提高教学效果。

1. 坚持与时俱进，对教学内容进行调整，体现教学的时代性

教学内容是开展劳动教育教学活动的重要载体，教学内容愈丰富，愈贴近时代，愈能引起学生的兴趣，增加教学的吸引力。随着科学技术的不断进步，劳动形式也发生了很大的变化，出现了各种新型的劳动。在教学内容上，既要保持传统，抓住劳动的本质，对大学生进行劳动精神教育，即不管是什么职业，广大劳动者都要勤学善思、勤于实践、踏实劳动、勤奋工作、精益求精，同时也要及时吸收新时代的新知识，使教学内容与时俱进。

2. 以学生为中心进行课程教学改革，丰富教学手段、创新教学形式

学生是课程实施的主体，是课程建设和创新的关键因素，是课程改革的基础。新一代大学生大都是在核心家庭长大的，随着子女人数的减少以及社会和经济的发展，他们参加劳动的机会越来越少，对劳动的认识也比较简单。作为网络时代的"原住民"，他们对网络语言、网络规则都很熟悉，对新鲜事物充满了好奇，也更愿意去尝试和创新。因此，在劳动教育过程中，应对大学生的劳动情感和价值观进行针对性的培养，积极运用网络新技术和新手段创新劳动教育的形式，提高劳动教育课的互动性、趣味性和即时性。同时，积极运用新媒体抢占网络阵地，运用网络"原住民"的语言习惯与他们进行平等对话，使劳动教育真正成为一门炫酷的课程，有效提升劳动教育的吸引力、亲和力和感染力。

第二节 大学生劳动教育的内容及价值分析

一、大学生劳动教育的内容

劳动教育在有中国特色的社会主义教育体系中具有十分重要的地位。高校开展劳动教育不仅要按照国家对人才培养提出的新要求，还要统筹安排劳动教育的时间，注重实践培养。同时，高校应突出劳模和工匠精神，对大学生进行正确的世界观、人生观、价值观的教育，培养学生对劳动的情感，促使他们形成良好的劳动习惯。高校劳动教育的重点是强化职业技能教育与技能培训，培养有理想、有能力、有责任心的新时代大学生。

（一）引导大学生珍惜劳动成果，弘扬劳动最光荣的理念和思想

《中共中央 国务院关于全面加强新时代大中小学劳动教育的意见》（以下简称《关于全面加强新时代大中小学劳动教育的意见》）指出，中国特色社会主义教育体系中，劳动教育起着至关重要的作用。劳动教育不应仅局限于课堂教学，还应与学校生活、家庭生活和社会生活相结合。高校要在马克思主义劳动观的指导下，对大学生的必备素质和关键能力进行全面的培养，把提高大学生的创新创业素质作为重点，把劳动教育充分地渗透到学校、家庭和社会的各个方面。从课程设置上看，高校应该把劳动教育贯穿于各年级、各专业学生的实践课程体系中；在实践活动方面，高校要注重挖掘传统节日、重大节日的劳动文化资源，挖掘新时代的劳动精神；在考核方法方面，学校应将课程成绩、学业成绩纳入学生综合素质考核体系，并对教师进行评优。要使大学生真正认识到，成绩来自自己的劳动，这样大学生才能真正体会到劳动光荣，才能够成为珍惜劳动成果、尊重劳动的劳动者。

（二）教育大学生主动参与社会服务，增强其社会责任感

劳动是一种特殊的创造性活动，对人类的生存和发展起着至关重要的作用。大学生只有积极地参与社会生产活动，才能体会到自身所应承担的责任。新时代的高校劳动教育应把培养大学生健康的劳动观、积极的生活态度、高尚的劳动品质、良好的职业道德等作为重要内容。

具体而言，高校劳动教育必须将各种志愿服务活动以及社会公益活动相结合，使大学生在付出的过程中获得满足感、幸福感、成就感等，从而培养大学生为社会服务的意识和责任感。

（三）教育大学生树立正确的劳动观念

"德为人之本"，"以劳为德，以劳为乐"是正确的劳动观念。我国把立德树人作为教育工作的根本任务。在新时代，大学生劳动教育应充分发挥劳动教育的价值导向作用，使大学生形成正确的劳动观，并培养其良好的道德品质。在劳动育人的过程中，要引导学生认识到崇尚劳动、热爱劳动的深刻内涵及其重要性，切实加强社会主义核心价值观的教育，把社会主义核心价值观融入具体的实践活动中去。要在高校全方位地对大学生进行爱党、爱国、爱人民、爱社会主义、爱劳动的情感教育，培养他们吃苦耐劳的精神和坚强的意志力。

（四）培养大学生的劳动知识与技能

新时代大学生劳动教育的目的是提高学生的劳动知识与技能，让学生实现劳动技能、实践能力、创新能力的提高。对大学生来说，强化劳动知识与技能，就是要在满足自身需求的前提下，让他们按照自身的兴趣爱好或者社会需要自主选择科学知识、专业技能等；鼓励他们根据自己所学的专业和所具有的能力来选择适合自己的职业。对于大学教师来说，要引导学生掌握基本劳动知识与技能，即培养学生良好的学习习惯、端正学生的学习态度，引导学生正确地选择学习内容，最终实现"以劳促智"的教育目的。

（五）包含健康教育内容

新时代大学生劳动教育应包含健康教育的内容。高校劳动教育在促进大学生身心健康发展方面发挥着不可替代的作用。高校应把劳动教育贯穿于人才培养的全过程中，设置劳动周或劳动课，这是实现大学生健康成长的必然要求。一方面，在劳动教育中，大学生可以获得全面发展所需的知识与技能；另一方面，通过参与劳动，大学生对社会主义核心价值观有了更深的理解，树立了正确的世界观、人生观和价值观。总之，只有以劳促创、以劳促学，才能使大学生的思想道德素质、科学文化素质和身体健康素质得到有效提高，促进学生的全面发展。

二、正确处理五个关系

高校实施劳动教育应处理好五种关系。一是要处理好劳动教育与德智体美劳的关系，充分认识劳动教育在大学生全面发展中的重要性，把劳动教育放在人才培养体系中的重要地位。二是要处理好劳动教育与劳动教学的关系，在教学方法上要充分利用学校、社会上的各种劳动资源；三是要把劳动教育融入职业教育之中，充分发挥其独特的育人功能；四是要处理好劳动教育和其他素质与能力培养的关系，充分发挥其他素质和能力的辅助作用；五是要处理好学校教育与社会教育、家庭教育等的关系，使学校在劳动教育工作中充分发挥领导作用。正确处理上述五种关系，要把握好五个方面。

一是劳动理念及其教育功能。劳动理念就是关于人为什么会成为人，以及人为什么存在和发展的问题。马克思的劳动观把人看成劳动属性和生产属性的结合体，只有通过自觉地生产和再生产，人们才能最终发挥自身的本质力量，才能够被称为真正意义上的人。

二是大学生自身的发展与科学发展观的要求。党和国家提出的科学发展观强调人与自然、人与人之间要和谐发展、良性互动，尤其是要以人为中心，让人有更多更实在的获得感、幸福感、安全感。而高校劳动教育则要从大学生个体全面发展的需求出发，使其更好地理解和实践科学发展观。

三是强化学习和提高能力。《中共中央 国务院关于全面加强新时代大中小学劳动教育的意见》明确提出，要在大中小学开设劳动课或者其他形式的劳动课程，提高学生的综合素质，让他们能够更好地参与生产活动，更好地参与社会服务。

四是把学校教育和社会教育结合起来。社会教育是指在一定社会条件下，个体所接受的各种社会化教育和各种形式的社会教育。通过学校、家庭、社会教育等多种途径，促进学生全面发展，使其成为综合型高素质人才。

五是职业技术学院的劳动教育与其他学科院校的劳动教育相结合。不同类型的院校、不同的专业有不同的劳动内容与形式，通过劳动教育，学生可以在学习其他学科知识的同时，感受到劳动者在生产生活中的重要作用。

在高校开展劳动教育有利于落实立德树人的根本任务，促进大学生的全面发展，实现党的教育方针，培养德智体美劳全面发展的社会主义建设者和接班人。随着社会和经济的飞速发展，科学技术的不断进步，生产劳动模式也在发生变化。在这样的社会环境中，大学生的价值取向正在发生改变，部分大学生对劳动失去了信念。高校应加强对学生的劳动教育，教育学生树立正确的劳动观念。

劳动教育贯穿于大学教育的全过程，是大学生终身发展的基础。在高校开展劳动教育，既要帮助大学生树立正确的世界观、人生观和价值观，又要使大学生热爱劳动，珍惜劳动成果。帮助大学生树立正确的世界观，要使大学生了解什么是崇高的理想信念，什么是高尚的精神境界，什么是正确的、高尚的品德。在高校开展劳动教育也是为了培养大学生树立正确的人生观，让他们热爱生活，了解生活的艰辛，从而使他们能够以良好的心态来应对新时代社会发展对他们的新挑战。帮助大学生树立正确的价值观，就是要使大学生积极主动地去尊重生命、珍爱生命。

三、对大学生进行劳动教育的必要性和重要性

（一）必要性

高等教育的改革发展一直围绕着"为谁培养""培养什么人""怎样培养人"这些问题展开，这是一个具有鲜明时代性的问题。培养德才兼备的高层次人才，既是高校的历史使命，又是高校区别于其他社会组织的本质特征，是高校生存和发展的基础。随着我国高等教育事业的不断发展，我国高等教育的职能也在不断扩大。但需要注意的是，无论高校怎样发展、社会经济环境发生怎样的变化，都离不开劳动教育的参与，这是实现大学生全面发展的重要基础。

新时代赋予高校以劳动育人、创新劳动为己任的时代使命，培养担负民族复兴重任的新时代大学生是时代发展的必然要求。高校是我国培养高素质人才的摇篮，肩负着立德树人和"五育并举"的重要任务，"五育"中的劳动教育对大学生的成长起着举足轻重的作用，高校应充分发挥其育人功能。

新时代中国社会矛盾已经转化为人民对美好生活的向往与发展不平衡、不充分之间的矛盾。这就要求高校不仅要重视学生的专业知识、技能水平，还要提高他们的劳动素质与能力。《关于全面加强新时代大中小学劳动教育的意见》提出：一要统筹协调，建立健全德智体美劳全面发展的教育体系；二是明确教学内容，突出实践体验，使学生体会劳动的美；三是家校合作，形成协同育人的合力。这三点要求把高校劳动教育同立德树人紧密结合起来，注重在学校、家庭、社会三个层面积极构建有效的衔接机制和组织平台。

（二）重要性

近几年来，各级政府出台了许多关于劳动教育的文件，把劳动教育作为人才培养的重要内容。《关于全面加强新时代大中小学劳动教育的意见》提出，劳动教育作为中国特色社会主义教育体系的一个重要组成部分，关系培养社会主义建设者和接班人的总体目标，关系人才培养体系的全面发展，关系党执政基础的巩固和国家的长治久安。从这一点可以看出，在高校开展劳动教育具有十分重要的意义。

1. 提高劳动认识，培养劳动习惯和提高劳动素质

大学生劳动教育可以培养学生的劳动认识能力和劳动创造能力。劳动教育是中国特色社会主义教育体系中的一项重要内容，它直接关系大学生的劳动认知、劳动能力以及创新能力的发展。

首先，高校开展劳动教育能使大学生认识到劳动的性质、目的及意义，从而使他们正确认识劳动；使大学生认识到劳动是一项基本的社会活动，是人类社会生存和发展的基础。大学生在认识劳动的本质、目的和意义后，能增强共产主义信念，树立正确的世界观、人生观、价值观。在大学里，通过学习马克思主义劳动观、社会主义核心价值观、集体主义价值观、职业道德和职业精神等基本概念，可以帮助大学生认识到"劳有所得""劳有厚得"和"劳有快乐"等人生价值观。

其次，在高校开展劳动教育有利于培养学生良好的劳动习惯和文化素养。学校开展的一系列劳动课和实践活动可使大学生养成良好的劳动习惯和素质，使其综合素质得到提高。这主要表现为，大学生可以养成良好的行为习惯，如热爱劳动、尊重劳动、积极参与社会实践活动等。另外，在高校开展劳动教育对促进大学生身心健康发展具有积极的作用。

最后，在高校开展劳动教育有利于培养学生的创新能力。高校作为知识创新、技术创新的重要基地，为国家输送了大量的高素质人才。大学具有比企业更灵活的组织形式和更多样化的教育方式，而许多创新成果是在社会实践中产生的。所以，在大学里开展劳动教育课和实践活动能够给学生提供创造知识和创新技术、工艺和方法的机会，引导他们学习如何利用知识、技巧和方式来创造知识和工艺，以此来培养他们的创新和创造能力。在此基础上，通过开展大学生科技创新创业竞赛和科研项目，进一步培养学生的创新思维和能力。

综上所述，在高校中开展劳动教育课和实践活动，可以使学生养成良好的劳动习惯和提高其劳动素养创新能力。另外，高校开展劳动教育课和实践活动也能促进大学生身体健康、心理健康水平的提高。

2. 实现全面发展

在高校开展劳动教育是培养大学生综合素养的重要途径。生产劳动同智力、体育相结合，不仅是提高社会生产力的手段，也是使人全面发展的重要途

径。劳动教育是让大学生通过劳动的方式掌握一定的劳动技能和提高劳动素养。《关于全面加强新时代大中小学劳动教育的意见》提出，要引导学生热爱劳动、尊重劳动，让他们认识到劳动是最光荣、最美好的东西。这表明，大学生要实现"德智体美劳"的全面发展，必须内外兼修。

3. 提高创新和创造能力

随着社会经济的不断发展、科技的进步，大学生面临着越来越多的新问题。在这一过程中，高校应注意这一变化可能对大学生的知识结构与能力结构造成的冲击，并对其进行劳动教育，引导他们积极运用现代技术手段学习新知识和新工艺，并将其与原有的知识体系相结合。劳动教育既能满足大学生对新知识、新技术的需要，又能使学生在持续的实践中获得综合的劳动素养，使其创新能力和创造能力得到有效的提高。

4. 提高服务意识和奉献精神

高校劳动教育培养的是一种奉献精神与服务意识，这对于服务社会和他人都是有好处的。在当今社会，无论是科技创新，还是社会公益事业发展，都需要劳动者的辛勤劳动和奉献。在高校开展劳动教育使大学生认识到劳动者在社会主义经济建设与发展中的重要性，认识到自己肩负着的历史责任，有助于培养大学生的奉献精神和服务意识。同时，鼓励大学生参加志愿服务活动也有利于提高他们的劳动素质，促进其身心健康发展。

大学生对社会现实生活缺乏深刻的认识和亲身经历。因此，高校劳动教育要帮助大学生树立正确的世界观、人生观、价值观，引导大学生积极参加社会公益活动。高校应积极搭建平台、全面拓展渠道，让大学生在参与社会公益事业中培养服务意识与奉献情怀，接触社会生活的方方面面，在实践活动中提高劳动素养，拓宽眼界，丰富知识，提高能力。大学生积极参与社会公益活动是其提高思想觉悟、实现人生价值的重要途径。

第三节 树立正确的新时代大学生劳动教育观念

当代大学生肩负着民族复兴的历史重任。青年强则国强，当代中国青年有一个施展才华的舞台，有无限广阔的发展空间，有无限光明的实现梦想的前景。新时代的大学生劳动教育是整个教育体系的一个重要组成部分。对大学生进行劳动教育，应充分认识到立德树人、落实"五育并举"和全面提高人才培养质量的必要性。为此，高校应树立正确的劳动教育价值观、劳动教育人才观，要抓住高校劳动教育育人这一关键环节，构建以大学生为主体、高校教师为主导、高校实践基地为载体、广大大学生参与其中的协同育人机制，积极构建符合新时代大学生成长、发展规律的育人模式。

一、正确的劳动教育价值观

在这个世界上，美好的梦想只能靠诚实的劳动来实现；只有诚实劳动才能解决发展中的种种难题；生命中所有的荣耀都是靠诚实的劳动创造出来的。新时代加强和改进劳动教育工作是高校德育工作的基本方向。进入新时代，大学生对劳动的理解有了较大的转变，绝大多数大学生逐步认识到劳动的重要性、实效性，对劳动的认识已上升到一个新的高度。

高校要做好新时代劳动教育工作，既要培养学生的实践能力、创新意识，又要增强他们的社会责任感和人文素养。下面从劳动最光荣、劳动最重要、创新性劳动三个角度出发，阐述高校如何教育学生树立正确的劳动教育价值观。

（一）劳动最光荣

人类社会的一切财富都是通过劳动创造出来的，是人类社会进步与发展的动力。在中国传统文化中，劳动历来被看作一种荣耀，人们对劳动的认识始终保持着积极的态度。大学生劳动教育应从劳动是一项受人尊敬的活动、劳动使人感到成就与自豪等方面帮助大学生树立起正确的劳动价值观。

1. 劳动是一项受人尊敬的活动

"五育"中，体育、美育、劳动教育是大学生全面发展教育中不可缺少的环节，对大学生的健康成长具有不可替代的作用。然而，高校劳动教育却处于弱势地位，这实际上是一种不正常的现象，也是不科学的。这种"五育"不平衡的局面如果长期持续下去，势必给大学生带来终生无法弥补的损失。

劳动教育是实践性的教育，其特点决定了无法像其他课程一样仅仅依靠课堂讲授就能完成。高校担负着教书育人的重任、肩负着培养高素质人才的重任。在高校开展劳动教育，不能仅仅停留在口头上、黑板上和书本上，而是要落实在每节课程上。目前,培养具有正确的世界观、人生观和价值观的现代公民已被列入第一类人才培养方案。在此基础上,高校可以开设《思想道德修养与法律基础》《中国近现代史纲要》等课程,并通过开设专题讲座等方式对劳模事迹及革命先辈的突出贡献进行宣传。

高校劳动教育是一项系统工程,需要学校和家庭的共同努力。家长要正视大学生在劳动价值认识上的巨大差异所造成的心理偏差,努力引导他们从内心认同劳动。学校要让大学生清楚认识到劳动是一种对自己、对他人的尊重,是对社会、对家庭和自己的一种责任感。家长也要注意自己的言行举止,用自己的言行来引导大学生树立正确的价值观。与此同时,学校要多角度、多形式地开展各种劳动教育活动,让大学生有更多的劳动实践机会,全面提高其对劳动价值的认识。

2. 劳动使人感到满足和自豪

人是由劳动创造的,幸福同样是由劳动创造的。在高校里,劳动教育要帮助大学生树立正确的劳动观,让他们明白,只有辛勤劳动才会有丰厚的回报,也才能获得幸福的生活。大学生应该认识到只有劳动才能创造价值,才能过上更好的生活,才能实现人生价值。中华民族的伟大复兴不是轻轻松松、敲锣打鼓就可以实现的,而需要一代又一代劳动人民的不懈努力。无论何时,都要靠辛勤劳动来筑梦铸魂。劳模是民族的精英,是人民的楷模,高校应大力弘扬劳模精神与工匠精神,可利用"劳模大讲堂""劳模走进课堂"等形式,使大学生深刻体会到,只有通过劳动,才能获得内心的满足,才能得到社会的尊重,才能让他们在劳动中获得自信与自尊,增强劳动的自豪感与成就感。

(二)劳动最重要

劳动既是人类生存与发展的根本,又是人类获得知识、认识世界、获取发展能力的重要来源。这就要求高校在劳动教育中要不遗余力地对大学生进行正确的劳动价值观教育,让他们认识到劳动的重要意义,培养他们正确的劳动观念和态度以及良好的劳动习惯。

1. 劳动是增强自身竞争能力的重要手段

对大学生的培养是要使大学生在劳动中掌握知识、增长技能、锻炼意志,不断增强奋斗与创造的精神。没有拼搏精神,就谈不上有理想和抱负,更谈不上实现自我价值。高校劳动教育要以奋斗精神为基本内涵，既丰富劳动教育的内涵，又拓展劳动教育的内容。对大学生的吃苦耐劳、艰苦奋斗精神的培养，就是要引导他们勇于面对挑战、接受考验、超越自我；对大学生进行精益求精、追求卓越的教育，应引导大学生树立精益求精的工匠精神；对大学生创新意识的培养，应引导大学生树立勇于创新的精神；培养大学生坚韧不拔、勇往直前的精神，就是要引导大学生树立迎难而上、攻坚克难的奋斗精神；通过对大学生进行实践奋斗精神和工匠精神等方面的培养，使劳动教育的价值与人才培养的价值取向相结合。高校劳动教育应使大学生认识到劳动是增强竞争能力的一种重要手段，只有具备一定的动手能力和创新意识，才能在工作中立于不败之地。大学生在劳动过程中，不仅能提高自身的专业技能，还能提高自身的综合素质、增强自身就业竞争能力。

2. 劳动是实现自我价值的途径

生命的意义在于奉献，生命的价值同样在于奉献，要实现生命的价值，就要对社会有所贡献。每一个人都是社会的一员，其对社会所作的贡献与其所处的社会地位无关。这就要求每一个人都要热爱自己的职业，努力提高自身的综合素质，成为社会的一分子。只有劳动，人们才能互相了解、互相信任，才能建立起亲密的友谊；只有劳动，才能让大学生体会到人类生活的价值与乐趣。

人只有通过劳动才能成为真正的自己，才能使他的人格得到充分发展，从而在精神、体力和智力上得到自由发展。努力工作是实现人生价值的先决条件。如果一个人不能通过自己的劳动来体现他对社会、对他人的责任与义务，其就不可避免地会出现失落、无助、失望等负面情绪。一个人要想实现自己的价值，就必须充分发挥他的才能、技术和智慧。因此，大学生要实现自我价值，必须先做好本职工作。在高校开展劳动教育，就是要使大学生认识到，只有靠自己的劳动才能实现自身的价值。

3. 劳动是实现美好社会的必由之路

人是由劳动创造出来的。劳动既是人类社会生存所必需的，又是人类社会发展的基础，是人类构建美好社会的必由之路。劳动具有多样性，既有物质劳动，又有精神劳动，还有科学劳动。人在社会中从事生产和生活是为了满足自己的生存与发展需求。人是社会的一部分，但作为一个人，他是无法独立生存的，其需要他人的关怀和帮助。人与人之间存在着各种各样的社会关系，以满足自身发展需要。社会是个人生存与发展的基础。伴随着人类社会交往规模的扩大，交往关系复杂化，这就要求劳动者不仅要提高自己的素质与能力，以适应新时代的发展需求，同时也要培养出能够满足美好生活需要的优秀素质。因此，高校教育要把科学素质与人文素养结合起来、把实践能力同创造能力结合起来、把全面发展同个性发展结合起来、把知识学习同能力结合起来。高校开展劳动教育要使大学生认识到人人有责任为社会的发展做出贡献；只有通过劳动创造，才能推动社会的进步与发展。因此，大学生要重视学业，做好本职工作，为建设美好社会尽一份绵薄之力。

（三）创新性劳动

创新对社会、经济的发展起着至关重要的作用。大学生不但要爱劳动，而且要会劳动，才能在社会和生活中做得更好。要引导大学生树立正确的劳动价值观，就必须对其进行创新教育。创新精神是人类社会不断发展和进步的不竭动力。而实践是创新之源，理论联系实际是创新能力培养的根本方法。新时代的高校劳动教育要充分反映时代的需要，坚持马克思主义的指导思想，培养大学生不畏困难、勇于探索、勇于创新的精神，在实践中提高劳动教育的时代性和实效性；要引导大学生弘扬科学精神，树立远大理想，培养劳模、劳动、工匠精神；要培养学生发现、分析和解决问题的能力，培养他们的创新意识，提高他们的创造力；要让大学生勇于提问，善于发问，学会对新事物和新问题进行分析与解决。在课堂上，大学生要勤于思考，善于发现事物的本质规律，在实践中不断地提高自己的思想认识水平。

1.对大学生进行科学精神的培养

提倡科学精神是对自然的敬畏和尊重。引导大学生对自然的敬畏与向往，激发他们对自然的探索兴趣，使他们学会尊重知识、尊重科学，在劳动过程中养成严谨、实事求是的科学态度。在实践中，科学地证明某些生活常识可以深化学生对事物本质规律的理解。要教育、引导大学生爱护自然、爱护资源，这也是人类生存与发展的必然要求。

在大学生教育中，更多的是通过言语、行为等方面的潜移默化地影响大学生的观念和行为。因此，在对大学生进行劳动教育的过程中，要充分肯定培养科学精神对人的发展的重要性，使他们逐渐养成严谨、科学的生活和工作态度。

2. 引导大学生树立远大理想

要培养大学生的劳动精神，就要教育他们树立远大的理想，让他们学习那些精神境界高、理想远大的人的事迹，对劳动充满热情、对美好生活充满向往，通过利用自身的聪明才智，为人类社会的发展贡献自己的力量。

高校劳动教育应引导大学生树立正确的劳动观，只有这样，他们才能在实践中创造美好的人生。高校要在课堂教学中引导学生认识到，只有劳动才能创造世界，造福于社会，是个人和社会发展与进步的根本。在课堂上，要引导大学生认识到，只有努力学习，才能让自己变得更好，才能实现自己的人生价值。

3. 培养大学生的问题意识

问题的发现只是一个前提，问题的解决才是关键。在教学过程中，高校教师要注意发现学生的问题，帮助他们解决遇到的问题。在师生一起发现、一起讨论问题的过程中，大学生可以从各个方面受到启发、得到锻炼，从而提高自身的学习能力和生活能力。高校教师要引导学生发现生活中的新现象、新问题、新知识，同时还应加强对学生发现、分析和解决问题的能力的培养。在教学活动中，以及在日常生活中的学习交流过程中，学生要能够发现和分析各种问题，并能在现实生活中解决各种各样的问题。

4. 培养大学生的创新意识

高校应加强对大学生创新意识的培养，激发学生的创新热情，培养学生探索新事物与发现新问题的勇气，培养学生发现和分析问题的能力，让他们掌握调查研究、实验、实践、归纳总结等分析事物本质的方法与技巧。培养学生提出问题和解决问题的思维方式，引导他们从多个角度思考问题，提出方案，改进和运用。以启发式的教学方式让学生独立思考，让他们主动地投入劳动实践，培养他们的创新精神、动手能力、科学思维能力，以及对实际问题的观察与解决能力，加强其对信息的收集和处理能力。

二、正确的劳动教育人才观

劳动教育作为新时代高等教育的一项重要任务，对于培养能够担当民族复兴大任的时代新人、践行社会主义核心价值观具有重要意义。而对大学生进行劳动教育的前提与基础就是要其树立正确的劳动观、树立正确的人才观。因此，高校必须立足于中国社会主义初级阶段的基本国情，以社会主义核心价值观为指导，规范大学生的劳动实践活动，培育出道德情操高尚、人格健全的新时代新人。随着我国经济的持续发展，人民生活水平的不断提高，社会对人才的培养提出了更高的要求。在高等教育中，劳动教育是一种重要的育人方式，目的是在劳动实践中，培养学生的动手能力、创新能力、实际能力、合作精神等各个方面的素质，使他们的综合素质和社会适应能力得到提高，从而为国家、社会输送更多的人才。在构建高校劳动教育育人模式的理念时，应明确劳动教育人才观。下面就如何建立正确的劳动教育人才观进行探讨，以期促进我国高校劳动教育人才培养模式的进一步发展与完善。

（一）归于社会化的劳动教育人才观

教育的根本目的是育人。劳动教育就是要让大学生在劳动实践中树立正确的劳动观，把他们培养成热爱劳动、善于创造的时代新人，把他们培养成有理想、有文化、有纪律的社会主义建设者和接班人。

人与社会、人与集体、人与自然之间存在着密切的联系和相互依赖的关系。在这一意义上讲，人类并不是孤立于世界之外的，而是生活在一定的社会关系之中。地球是人们共同居住的地方，自然产物是人类生存与发展所必需的物质资源。而劳动者除了生产自身所需的物质资源，还要不断把自己创造出来的新产品投入市场，才能体现自身的价值。

人的社会化既是人的发展过程，又是人实现自我价值的一种方式。劳动实践是个人社会化最基本也是最有效的一种方式，对个人的社会化起着至关重要的作用。在劳动实践活动中，大学生可以从与他人的交往和合作中学到新的知识和技能，学习自我管理以及承担一定的社会责任。在职业活动中，人们通过工作岗位、活动场所完成自己的职责，实现自身的价值。只有把所学到的理论知识同工作实践紧密结合起来，才能把所学到的知识转化为技能、能力。相反，如果只是被动地接受知识、技能的教育，而忽略了实际的劳动实践活动，则很难完成工作任务。

综上所述，高校要在培养人才的过程中，充分发挥劳动教育在大学生成长的进程中所起到的重要作用，用劳动教育推动个人的社会化发展和自我价值的实现，把他们培养成具有良好行为习惯和高尚道德品质的优质人才，提高他们的学习、管理和社会实践能力。

（二）劳动教育目标导向的人才观

教育既要培养学生的知识技能，又要培养学生正确的价值观。劳动教育不但是一种生产性的劳动实践，而且能培养学生具备正确的价值观念和高尚的道德情操。高校作为高等教育的重要组成部分，在引导大学生树立正确价值观的过程中肩负着重大责任。高校要通过劳动教育培养大学生正确、合理的劳动观，提高高校人才培养质量，促进大学生全面发展，从而落实立德树人根本任务。

同时，高校也要教育大学生把个人价值与社会价值统一起来，将社会主义核心价值观教育融入校园文化建设中，将社会责任感和使命担当作为重要任务融入课程教学之中。只有这样，高校劳动教育才能培养出一批高素质、高技能的人才，使他们真正成为有理想、有责任，能为建设中国特色社会主义事业作出更大贡献的新时代大学生。

大学生只有树立正确的劳动价值观，才能将个人价值和社会价值有机地结合起来，尽自己最大的努力对个人、对家庭、对社会负责，才能更好地实现自己的理想。高校应把树立正确的劳动观作为一项重要任务，一要重视社会实践活动对劳动教育的影响，使其起到潜移默化、润物无声的作用；二要引导大学生自觉实现物质利益与精神利益的有机统一；三要激励大学生勇于面对人生困境和挫折。要引导大学生树立正确的劳动观，必须以教育为先导，以实践为载体，以考核为手段，以政策为保证，通过教师指导、示范、榜样引领等方式，使大学生形成正确的劳动观并内化于心、外化于行，做有理想、有作为的新时代大学生。

1.践行社会主义核心价值观

社会主义核心价值观集中体现了当代中国精神，凝聚了全体人民共同的价值追求，引导着大学生忠诚于党、国家和人民。教育大学生在劳动教育过程中践行社会主义核心价值观，是引导大学生把个人价值与社会价值结合在一起，让他们从劳动中感受到自己的价值，从而形成正确的劳动观。把社会主义核心价值观融入社会实践，是引导大学生在劳动实践过程中培养公德意识、责任感的重要途径。在日常生活中践行社会主义核心价值观，可以使大学生养成良好的行为习惯与道德风尚。大学生只有把社会主义核心价值观内化于心、外化于行，才能真正把社会主义核心价值观作为自己的价值追求，将其融入自身的日常生活中。唯有如此，才能使高校劳动教育真正成为一种润物无声的教育活动，使大学生的思想政治素质得到真正的提高。

2. 充分发挥高校的育人功能

正确的价值观有利于人的能力与品质、智力与体力、素质与意志的全面发展。所以，在大学生思想政治教育过程中，高校要引导大学生树立正确的劳动观、价值观，既要认识到个人价值和社会价值的密切联系，又要把个人价值和社会价值结合起来，而高校劳动教育就是把个人价值与社会价值结合起来的最佳载体。

高校应加强劳动教育，加强对大学生劳动观念的教育。要充分发挥课堂教学主渠道作用，引导学生养成良好劳动习惯。要把社会主义核心价值观教育融入校园文化建设中，积极开展社会实践。高校可以通过组织参观考察、生产实践和志愿服务等多种形式引导大学生树立正确的劳动观，增强他们参与实践的热情。

总之，高校要从中华民族伟大复兴的战略高度来认识劳动教育的重要性，要知道只有培养出一批具有正确劳动观、价值观和良好劳动习惯，具有优良的素质和坚强的意志品质的新一代人才，才有可能对中国特色社会主义事业发展作出新的贡献。

3. 造就德才兼备的劳动者

《关于全面加强新时代大中小学劳动教育的意见》强调，要将劳动教育贯穿于人才培养的全过程，贯穿大中小学各学段，贯穿家庭、学校、社会各层面，并与德育、智育、体育、美育相融合，紧密结合经济社会发展的变化以及学生的实际情况，积极探索有中国特色的劳动教育模式，对制度、机制进行创新，突出教育实效，做到知行合一，促进学生形成正确的世界观、人生观、价值观。它是对德智体美劳全面发展的补充与完善,是强调"五育"协调发展、互相渗透的要求。坚持德智体美劳全面培养,是新时代高校人才培养工作的基本指导思想和根本要求。

《关于全面加强新时代大中小学劳动教育的意见》明确规定,要从社会、家庭、学校三个方面加强劳动教育。在社会方面,全社会都应积极参与,营造劳动光荣的氛围。在家庭方面,应积极引导大学生参与家务劳动。在学校层面,要在健全学校管理机构等前提下,建立完善各种评价体系,使劳动教育真正落地生根、发展。为促进劳动教育做出了多方面的努力,这也意味着,在培养大学生的过程中,不仅要注重对学生的理论知识和能力的培养,更要注重对学生正确的价值观、职业道德、行为习惯和高尚的道德品质的培养。这些都是高校培养目标中不可或缺的部分。

(三)与时俱进的劳动教育人才观

劳动既包括体力劳动,又包括智力劳动,是人的本质活动。中国历来把发展教育同提高劳动者的素质联系在一起,坚持教育要服务于生产建设、服务于社会主义建设。要做到这一点,就必须从加强劳动教育入手,提高大学生的素质,使之成为社会主义事业的建设者和合格的接班人。

劳动既是物质上的创造,又是精神上的创造。随着中国由传统农业社会向工业社会的转型,科技的发展使人类社会的生产方式、生活方式发生了巨大的变化,从而导致人们对劳动重要性的理解发生了转变。现代科技虽然改变了人类的生产生活方式,但这并不意味着物质与精神的生产是不必要的。无论是在理论上,还是在实践中,教育的发展都离不开劳动者素质的提升。实施"科教兴国"战略、"人才强国"战略,建设创新型社会,都需要劳动教育这一重要的基础性工作。

从《关于全面加强新时代大中小学劳动教育的意见》中可以看到,要做到德智体美劳全面发展,健全大学生劳动实践制度,加强对教学过程的管理与评价,统筹家庭、学校和社会资源,构建家庭、学校、社会三个层面的育人机制,才能在全社会形成一个大的教育格局。高校应创新实践载体形式,将校内外资源有机地结合起来,使其在课堂教学、专业实践、志愿服务和科研活动中充分发挥作用。高校劳动教育具有多方面的价值,不仅可以培养大学生艰苦奋斗、吃苦耐劳、热爱劳动等优秀品质，还可以培养学生的创新精神和实践能力，让他们感受到幸福生活的来之不易，从而培养出大学生正确的劳动观和良好的道德品质。

高校劳动教育应注重培养学生的创新精神与学习能力。其一，高校应建立健全的交叉学科培养的机制。高校可通过开设跨学科的课程与课题，使学生能够在不同的学科领域开展学习与研究，加强学科交叉与综合能力。其二，学校应注意培养学生的学习动机，提高学生的学习兴趣。高校可以开设创新创业课程与实践项目，鼓励学生参加各类创新活动与竞赛，增强学生的创新精神与实践能力。其三，高校应加强大学生社会实践与社会责任教育。高校可通过开设社会实践课程、社会服务计划等，鼓励大学生参加社会实践活动，增强其社会责任感，提高其社会服务能力。

劳动是人类生存与发展的根本途径。人类离不开劳动，社会的发展也离不开劳动。所有的物质财富与精神财富都来自劳动，只有在劳动中才能体现人类价值。只有通过劳动教育，才能使受教育者树立正确的劳动观，才能使学生在劳动过程中培养出吃苦耐劳、热爱劳动等优秀品质。当前，有些大学生缺乏艰苦奋斗、吃苦耐劳的精神品质。而高校开展劳动教育就是要改善这种不良情况，培养大学生吃苦耐劳、艰苦奋斗的良好品质。

高校劳动教育的目标是把大学生培养成德才兼备的合格公民。大学生在接受劳动教育的同时，也可以得到优质道德与文化的熏陶，培养出良好的个性与创新精神。反之，如果没有对大学生进行劳动教育，只是一味地灌输知识、培养技能，就会导致他们缺乏创新思维。同时，劳动者在创造物质财富的过程中涉及各种创造性活动，所以，从事创造性活动本身也是一种实践能力。

要在大学生中营造尊重劳动和创新的氛围，除了学校教育，还需要从思想道德层面改善社会风气。在现代社会，职业分工日益细化，劳动关系日益复杂化，人人都崇尚创新、尊重劳动，社会才能日益文明和进步。所以，要改变社会上不尊重劳动、不热爱劳动的风气，就必须在思想上加以引导。同时，还需要在制度层面完善政策保障，例如，建立高质量的大学制度，建立大学生技能等级评定制度，完善普通高等学校开展劳动实践活动的经费筹措机制，推动优质教育资源向大学生免费开放等。

第二章　新时代大学生劳动教育现状分析及对策研究

第一节　大学生劳动教育现状分析

一、大学生劳动教育存在的主要问题

（一）重视程度不足

当前，受应试教育思想的影响，部分高校片面追求升学率、高分，导致劳动教育在一定程度上被边缘化。具体来说，主要表现为以下三个方面。

首先，"弱化"了高校劳动教育制度。目前，大学生劳动课程的设置率相对于其他课程来说存在着明显的差距，课程设置存在着简单化和随意性的问题，这使一些高校的大学生劳动教育形式上的意义大于实践的意义，其主要以短期的社会实践等劳动形式为主，没有形成长期的连续性教育，这就造成了劳动教育的效果并不明显。

其次，劳动教育内容被"淡化"。现在，大部分大学生是独生子女，而且大学生的学习压力也很大，所以很多家长都非常关心自己的孩子，他们希望自己的孩子能够把在学校学到的东西学好，其他事情就交给家长去做。因此，很多学生在家里是不做日常劳动的，这就导致学生自己对劳动的认识不够清楚，不利于劳动教育。

最后，劳动教育在社会教育背景下被"虚化"。受功利主义错误价值观的影响，人们越来越急功近利，所以在一段时间里，有没有钱成了衡量一个人成功与否的重要标准，很多人抱着一夜暴富的幻想。在社会大环境中，这一现象极易使大学生迷失本心，追逐名利，从而造成大学生价值观的错位。

（二）教育内容缺乏针对性

教育针对性是指高校能够根据时代的需要，根据教育对象的特点，选择适合的教学方式和教学内容。大学生劳动教育课程的内容应具有较强的实用性和针对性。同时，要根据不同专业学生的特点，开发特色课程和校本课程，使之能更好地满足大学生未来发展与工作的需要。目前，我国大学生劳动教育教学内容存在着严重的同质化、教学内容缺乏针对性等问题。在一些大学生劳动教育课程的具体实施过程中，很多高校对大学生的劳动教育课程仅仅局限于清扫班级卫生、帮助父母打扫卫生、参与社区志愿服务等，缺乏创新与针对性。课程内容与大学生所学专业脱节严重，缺少相应的课程教材，课时安排不合理，无法形成连续性教学，不利于大学生养成良好的劳动习惯。

（三）缺乏教育效果的评估

长期以来，由于劳动教育效果评价权归属不清，加之劳动教育在德育工作中始终处于从属地位，各高校及教育主管部门对劳动教育效果的评价缺乏有效的监管。这也使劳动教育实施效果的评价不够准确，导致了其成效不佳。除此之外，社会对劳动教育的重视程度不够，很多高校并没有把大学生劳动教育的效果评价作为学生综合素质的评价指标之一，这直接影响了大学生劳动教育的成效。由于缺乏对劳动教育效果的评价，在一定程度上导致当劳动教育内容与形式出现问题时缺乏相应的规范手段，难以确保劳动教育的效果。另外，由于缺乏有效的劳动课程激励机制，导致教师积极性不高，严重影响了劳动教育的健康发展。

二、大学生劳动教育中存在问题的原因分析

（一）大学生缺乏劳动积极性

1. 劳动价值取向功利化

全球一体化背景下，各种西方思想通过商贸、网络、电视等渠道涌入人们的生活，"00后"大学生这一代价值观尚未形成，容易受到各种思想的影响而变得功利化。具体来说，主要表现为：第一，实用主义，只做有益于己的劳动，认为得不到直接报酬的劳动就是浪费体力；第二，精细的利己主义，把社会看作个体的总和，只有每个人都能实现自己的利益，社会才能繁荣。

对于"00后"大学生来说,"学习可以改变命运"这句话已经变了味,在他们看来,学习不仅仅是为了理想,也是为了个人的发展。"00后"大学生更注重自我需求,重视如何提高自我,让自己有一个更好的前程。

学生的劳动关系到获得实际的利益,带有一定的功利色彩,例如,参加班级劳动会有排名评比,参加志愿服务劳动是为了获取学分或志愿者证书,参加劳动竞赛是为了拿荣誉证书。在劳动价值功利化取向下,劳动教育的价值取向也会发生偏差,学生的劳动主动性逐渐减退,劳动意识得不到有效提升,这会对大学生今后的职业选择、社会交往造成不利的影响。

2. 对智能设备的依赖程度加深

随着智能终端的日益普及、媒体融合程度的不断提高,"00后"大学生对智能电子产品如手机、电脑等的依赖空前增强。当智能设备在劳动过程中由"协助"向"替代"转变,甚至形成"依赖"时,学生的劳动意识也随之发生了变化。

"00后"大学生对智能手机的过度使用与依赖,对其劳动意识产生了消极影响。具体来说,主要表现在两方面。

一,大学生沉迷网络。沉迷于网络的大学生会用网络来逃避现实,将大量的时间浪费在虚拟世界中,原本应该用在工作上的时间也会被压缩,导致其不注意个人卫生,养成不健康的劳动习惯。他们也会将智能设备作为一种精神上的安慰,通过不断地延长智能设备的使用时间来获得满足感,让虚拟世界的思想充斥和占据自己的大脑,当他们形成依赖之后,即使他们想要减少或者不再使用智能设备,也不会成功。因为如果减少使用,他们就会感到烦躁、易怒或沮丧,表现出对劳动的抵触,导致情绪不稳定,注意力不能集中,劳动效率低下。

二,大学生产生惰性。随着智能设备的功能日益增加、形式日益多样化,其能够提供的劳动服务已经渗透到了生活的每一个角落,如吸尘器、洗碗机等越来越多地进入千家万户。大学生是最容易接受新鲜事物的一群人,他们对新兴科技产品的接受度和使用率都很高,当感受到了智能设备带来的便捷之后,他们会渐渐形成一种依赖的心态,认为所有能被机器代替的工作都不需要自己动手。随着时间的推移,他们就会对劳动不屑一顾,不仅会变得懒惰,甚至连生活都不能自理。当这种依赖成为一种习惯，他们在宿舍等物质条件匮乏的情况下，通常会选择拖延或放弃劳动，而不会采取积极的行动来解决劳动问题。

（二）高校劳动教育系统性失调

1. 学校劳动教育与具体实践脱节

"00后"大学生的劳动意识受到了很大的影响，其中一个重要原因就是大学校园内的劳动教育过于狭窄，没有与具体的生产劳动相结合。当前，尽管大多数高校在积极探索培养劳动意识的新途径，但总体上仍存在重理论、轻实践的倾向。在探索过程中，首先要考虑学生的安全，一旦实践过程中发生事故，学校方面必然要承担相应的责任；其次要考虑组织安排，劳动实践教育并不像理论学习那样只在一个教室里进行，其涉及学生的实习地点安排、与企事业单位的协调沟通、带队老师的人员安排以及交通和食宿的安排等，这是一个非常耗费人力和物力的过程。因此，在大学中开展劳动教育的方式主要有两种，一种是利用学校内部的社团和学生会，另一种是利用党日、团日活动来开展的。

当前，我国大学生劳动教育主要侧重于理论教学，学生虽然掌握了大量的劳动理论知识，但因场地、经费及人员配置等原因，其无法将理论知识运用到实践中去。许多学生都说，他们在大学里选了自己感兴趣的专业，希望能在大学里学到足够的技能，以便能在工作中发挥作用。但长久以来，他们都是"纸上谈兵"，不会动手，也不会去实践，更不会将理论运用到实践中去。

许多大学生在低年级时并没有认识到实践能力的重要性，当临近毕业，不得不考虑就业问题时，才意识到必须进行实践锻炼，要通过兼职、假期实习来确定自己的职业目标，提高自己的就业能力。此时，他们就会面对就业和学业的双重压力，从而产生焦虑，不能成功地完成从学校到社会的过渡。究其原因，在于高校对学生实践能力与专业应用能力的重视不够，致使高校劳动教育长期偏离了其应有的价值。

2. 缺少对劳动教育的独立评估制度

高校作为培养"00后"大学生劳动意识的组织者与监督者，其培养机制是否健全直接影响培养效果与方向。只有很少一部分高校建立了劳动意识培养与评估制度，就算是一些有劳动教育制度的学校，其劳动意识培养的效果也不尽如人意。大部分高校并未设立专门负责劳动教育的部门，更缺乏相应的评估体系。

　　劳动教育评估应贯穿于劳动教育的全过程，然而，由于劳动教育内容的丰富和形式的多样，使评价体系的构建变得十分困难，大部分高校都存在以下三个问题：一是缺少对劳动教育的过程性评价。因为劳动教育的形式多种多样，如理论课程、劳动实践以及各种实习实训等，其在实施过程中侧重点各不相同，高校难以对不同的劳动教育课程进行统一评价，所以，劳动教育的过程性评估是现行劳动教育评估体系中需要改进的地方。二是对劳动教育的结果评价有所轻视。在某些大学的奖学金评选办法中，劳动教育的成果仅与学分相联系，没有将劳动意识和实践表现作为奖学金申请的必要条件。同时，专业课成绩还与各种评选机制，如入党名额、奖学金、荣誉奖等挂钩，无形中导致学生轻视劳动教育。三是缺少对劳动教育评估系统的监督机制，包括对教师的教学能力、教学态度、教学成果的评估，还包括对学生劳动教育的评价进行跟踪、分析和优化。因为目前大学里没有专门负责劳动教育的部门，这就造成了劳动教育缺乏监督，很难有效地进行劳动教育评估。

　　显而易见，缺乏动态、科学、系统的监测与评估，仅将专业课与通识课程相结合，不能对大学生的劳动意识水平进行准确评价，从而影响高校劳动教育的进展及学生参与劳动教育的热情。

　　与此同时，不同高校，甚至同一所高校内部的不同学院，其评价标准和评价方式均有所差异。有些学校通过问卷调查的方式抽取了一些学校的样本来评估。学校不可能将所有学生的实际劳动意识信息都收集起来，因此不可避免地会有一些缺乏劳动意识的学生成为"漏网之鱼"，学校无法对这部分学生进行重点关注和培养。也有的学校采取自我评价的方式，在这种情况下，学生往往敷衍了事，最后的评价结果也不能客观、准确地反映出"00后"大学生的劳动意识。目前，我国大学生劳动教育面临着一个突出的问题，那就是如何制定劳动教育的评估标准与评估体系。

（三）家庭劳动教育认知性偏差

1. 对劳动教育的内涵认识不清

　　家庭劳动教育是学生劳动教育的起点，家长对孩子劳动教育内涵的认识不够全面，会间接地造成孩子对劳动的错误认识。对这一问题的片面理解主要表现在对孩子保护过度、对体力劳动的轻视等。

首先，父母过度保护大学生。有的家长表示，由于担心孩子在劳动中受伤害，家长会代替他们进行劳动。"00后"大学生多为独生子女，生下来就是含着"金汤匙"，被家人捧在手心里，娇生惯养，不用主动承担劳动责任，过着"衣来伸手，饭来张口"的生活。正因为父母对子女的溺爱，尊重劳动、崇尚劳动的观念并未得到父母的充分关注，导致大学生忽视了别人的付出，缺少了爱和共情的能力，致使大学生劳动意识出现偏差。

其次，父母对体力劳动的态度不积极。体力劳动虽辛苦但必不可少，我们能有今日的幸福生活离不开先辈们的辛勤劳动。许多父母并没有认识到劳动的重要意义，因为他们觉得劳动很辛苦，所以不愿意让孩子们经历同样的痛苦。有些父母仍然有一种传统的观念，认为做体力劳动比脑力劳动低级，而且，随着体力劳动逐渐被机器代替，对脑力劳动的要求日益增加，家长不愿意让孩子去做体力劳动。父母对于体力劳动的偏见极大地影响着"00后"大学生的职业选择，当找不到合适的工作时，他们宁可待在家里等着，而不愿意去做体力活，这样的恶性循环会让"00后"变得更加不愿意工作，会给社会的生产和正常运转带来很大的负面影响。

2. 重成绩，轻劳动

对于家长来说，学生的学习才是最重要的。因此，文化课程在某种程度上成为学生劳动的障碍。

当前"教育内卷"现象较为严重，学业竞争压力大是造成家庭劳动教育缺失的一个主要因素。许多父母把学习放在第一位，提倡学习第一，天天围绕着孩子的成绩和名次打转，期望自己的孩子在知识和技术密集型的社会里立于不败之地，成为学习上的佼佼者。在"重智轻劳"的教育大环境下，一般家庭认为孩子多做一道数学题比洗一件衣服更有价值，为了培养孩子的学习习惯，不惜花大把大把的钱，甚至牺牲私人时间送孩子去参加各种学习班，就怕孩子在起跑线上落后。

家长的劳动观教育对子女劳动意识的培养具有潜移默化的影响。只重学习成绩、轻劳动教育，是不符合当前培养学生德智体美劳全面发展的教育目标的，更不符合培养复合型人才的需要。科学有效的劳动教育观念是学生形成良好劳动意识的根本保证。家庭教育是劳动教育的重要组成部分,父母要重新认识劳动教育在学生世界观、人生观、价值观形成中的重要作用,平衡文化教育和劳动教育,引导孩子树立正确的劳动意识。

(四)社会劳动教育结构性失衡

1. 开展劳动教育的形式较为单一

社会劳动教育作为家庭、学校劳动教育的重要补充,与家庭、学校劳动教育相比,有着无可替代的作用。社会可以提供广泛、丰富的劳动教育内容,灵活多样的劳动教育形式,此外,社会空间广阔、组织结构多样、社会主体多样,这些都为劳动教育提供了更多的可能性。但是,目前的社会劳动教育存在着形式单一的问题。

目前,社会劳动教育的成效并不明显。一些大学生表示,他们主要通过兼职来接触社会劳动教育,兼职的内容主要有为中小学生提供家教或晚间托管,以及与专业有关的兼职等。

学生对职业发展的要求越来越高,而社会作为一种资源的集合体,能够为理科生提供产业实践基地,能够为文科生提供企事业单位的实习机会,还能够为艺术生提供举办作品展的机会。让学生体验到各种各样的社会角色,可以使学生在大学期间能够对职业发展有一个很好的认识,同时也能够加强自身的创新能力、培养出符合社会需要的职业素养。但是,由于大学生的课程安排,学校内的文化教育课程比较分散,使大学生在工作日里只有很少的时间能够和社会接触,而普通单位的工作时间和大学的上课时间是重叠的,而且暑假的时间很短,不能让学生在短时间内熟悉工作内容,所以企业也不愿意花太多的时间去培养流动性大的新人,因此大多数企业不会接受大学实习生。

在大学生的社会实践单位中,社区在其中发挥了重要作用,是大学生重要的实践场所,但对各级党组织、政府部门、事业单位、各种协会等却鲜少涉足,导致学生进行社会劳动教育的形式比较单一,这对均衡发展他们的劳动素养是不利的。普通学生在社会劳动教育的地点和形式上是自主选择的,其更多地是从劳动中付出的体力角度来考虑,而没有考虑到对自身的教育意义和对能力的提高。所以,社会各个方面都要为大学生打开大门,让他们积极进入更丰富的社会劳动教育场域。

2. 尚未建立劳动教育支持体系

社会支持主要包括社会氛围、政策保障、劳动基地等各方面的支撑，作为学生劳动意识文化的保证，其可以潜移默化地影响学生的劳动意识。从政治上为劳动意识提供必要的政策保证，是保障大学生劳动教育有效实施最直接、最有力的手段；基地资源是一种经济支撑，可与学校、家庭劳动教育资源相辅相成。

从大环境来看，社会缺乏对劳动观念的正确引导。随着市场经济的迅猛发展，人民物质生活水平不断提高，社会价值取向日益功利化。由于当代大学生缺乏社会生活经验，对社会环境缺乏全面、深入的了解，易受社会环境中功利化价值取向和享乐主义等不良社会思想的影响，加之某些媒体对网红经济、金融业态的不负责任的炒作，致使一些"00后"大学生的劳动价值观发生了转变，产生了一夜暴富的愿望，希望不劳而获，一举成名，盲目追求名利，急功近利，这对他们的劳动认识、劳动情绪、劳动意志的正确性造成了不良影响。

从制度保障上看，劳动教育缺少政策支持。政府从统筹、组织和规划等宏观层面来规划大学生劳动教育的建设，但是在实施过程中仍然缺少具体、稳定和可操作的政策支持。一方面，每一所大学都隶属于不同的建设部门，所以在获得的劳动教育支持方面也存在着很大的差异。这就要求省级部门进行统一部署，对区域之间的资源进行统筹分配，对大学生劳动教育课程的建设进行规范和指导。另一方面，国家宏观政策在实施过程中会出现"水土不服"现象，需要根据国家劳动教育政策，因地制宜地规划适合当地高校的教育政策，为劳动课程的开展提供保证，所以，目前迫切需要有具体的政策来推动大学生劳动教育的建设。

从基地资源上看，开展劳动教育的场地保障不足。场地是进行劳动教育的一项重要保证，社会劳动教育的场地范围涵盖了各种政府机关、企事业单位、农场农场、机场车站、普通企业等。但是，现实中，大学生劳动教育场地主要集中在与高校有合作关系的单位，社会自发提供的劳动教育场地非常有限，不能满足大学生多样化的劳动教育需要。

第二节 大学生劳动素养现状分析

一、新时代大学生劳动素养存在的问题

一个具备好的劳动素养的人，不但要对自己的劳动价值有正确的理解，而且要有一种积极的态度，要熟练地理解和掌握劳动的知识和技巧，并且要有一个好的劳动习惯。当前大学生的劳动素养主要存在以下问题。

（一）缺乏对劳动的认识

认识是态度与行为的基石，对劳动的正确认识可以引导大学生热爱劳动、尊重劳动、投入劳动；反之，大学生则会对劳动产生消极、抵触的情绪。但长期以来，由于受社会环境、成长经历以及应试教育等多种因素的影响，目前我国高校大学生对劳动的认识还很欠缺。劳动既包括体力劳动，也包括脑力劳动，而一些大学生对劳动的认识过于简单，片面地把体力劳动看作所有的劳动，对劳动产生了抵触心理；一些大学生对体力劳动不屑一顾，认为做体力活低人一等，不受尊重；还有一些大学生由于就业难而选择留在家里"啃老"，而不愿到基层工作。除此之外，也有部分大学生对我国开展劳动教育的意义与价值缺乏认识，对当前开展的劳动教育是生命的第一教育、劳动教育是立德树人的重要载体等观念认识不够深刻，认为当前进行劳动教育是没有必要的。

（二）对劳动持负面态度

认识影响态度。由于人们对劳动教育的认识程度不够，致使一些大学生的劳动观念不强，态度也不端正。比如，有些大学生觉得，随着经济和社会的发展，他们就不需要再去努力了，而且辛苦地工作是一种很傻的做法，所以他们开始依靠父母积攒下来的物质财富和社会资本，不求上进，慢慢地形成了一种逃避劳动的心态，养成了好逸恶劳、懒惰、被动的习惯，变成了"啃老族"。少数大学生的劳动取向功利化，他们参与志愿服务和社会实践并没有把认识社会、提高自己的能力作为目标，而把注意力集中在能否"加分"和"评优评先"等方面，当他们发现自己没有得到应得的好处时就会选择回避。在日常生活中，对劳动所持的负面态度，使大学生对劳动和劳动者的感情受到了很大的

影响，同时也对他们的择业观念产生了很大的影响，具体表现在：在工作中眼高手低，追逐不现实的工资等情况。

（三）劳动能力较弱

熟练的劳动技能是经过长时间的学习与实践才能养成的。目前，部分大学生的劳动观念淡薄、劳动价值观模糊、劳动实践匮乏，导致他们的实际操作能力很弱，缺少必要的劳动技能，有的甚至无法照顾自己。例如，有些大学生不能自己做饭，不能自己收拾屋子、洗衣服。有些学生对劳动工具的运用还不熟练，扫帚、拖布都不知道怎么用，劳动技能基本没有。有些大学毕业生眼高手低，干不好工作，又不肯从前辈身上学东西。

（四）劳动素质不高

对大学生进行劳动教育的目的是增强大学生对劳动价值的认识，使其能够欣赏并参与劳动，尊重劳动的最终成果。但是，由于对劳动认识的缺乏以及对劳动的消极态度，部分大学生的劳动素养还没有养成，存在劳动情感的缺失。比如，有些大学生喜欢享受生活，希望不劳而获，做一夜致富的美梦；有些大学生的劳动意志薄弱，不能吃苦，面对劳动就会打退堂鼓；一些大学生缺少艰苦奋斗的精神，生活中没有勤俭节约的作风，奢侈浪费、与人攀比；一些大学生在校园里花费大量的时间进行休闲活动，而不愿做好清洁工作，造成宿舍的混乱。还有些学生对劳动的认识不够深刻，对自己的工作不太感兴趣，对劳动的辛苦也不太了解，不珍惜、不尊重他人的劳动成果，到处乱扔垃圾、随地吐痰，造成不良的后果。

二、大学生劳动素养不高的原因

导致大学生劳动素养不高的因素很多，其中最突出的就是其成长过程中缺乏形成劳动素养的"土壤"。这种缺失，有社会氛围、学校教育、家庭环境等多个层面的原因，具体来说，主要表现为以下方面。

（一）以知识为本的社会风气

中国自古就有部分轻视劳动的传统，比如孔子的"学而优则仕"、孟子的"劳心者治人，劳力者治于人"，这一消极、片面的劳动理念对人类的思想和行为习惯有着深刻的影响。从社会方面来看，没有营造出劳动光荣的风气，对工人阶级的鄙视是客观存在的。一般工人从事的是肮脏、劳累的工作，但是他们的工资却很低、社会地位不高，从而被人们所轻视；脑力劳动者具有较好的工作环境、较高的收入和社会地位，是许多大学生追求的目标；劳动模范应该得到全社会的关注，但是有些大学生却只知道"娱乐明星"，对劳模的事迹不闻不问。在家庭方面，许多父母过分强调智力教育，却忽视了对学生劳动习惯的培养，尤其是一些父母把劳动作为一种惩罚，导致孩子很早就对劳动产生了抗拒。由于社会环境、父母思想等因素的影响，一些大学生产生了"脑力劳动比体力活强"的误区。有些大学生仅仅把重点放在了学习上，而忽略了劳动实践，以学习知识和拿文凭为主要目的，忽略了劳动素养在提高个人综合素质方面所起到的重要作用。

（二）以成绩论英雄的教学理念

高考被认为是"最公正的上升途径"，这是一种信念，认为知识可以改变命运，每个父母都希望自己的孩子能上好大学。在高考这个指挥棒的引导下，劳动教育的地位和功能发生了变化，成绩是评价一所学校教学水平和学生是否优秀的唯一指标，学校注重的是班级的升学率，父母注重的是子女的学业。在应试教育的大环境下，很多父母和老师都把成绩看得很重，把学习放在了最重要的地位，认为劳动教育并不那么重要。因此，不论是在家庭里，还是在学校里，学习都占据着无可争议的核心地位，而劳动却是可有可无的。虽然也有部分学校设置了劳动课，但是这门课的教学时间往往被语文、数学和英语这几门主要科目占据。在家里，学生的父母把所有的家务都揽在了自己的身上，就怕家务会占用学生的学习时间，从而影响学习成绩。

总而言之，在高考指挥棒的作用以及应试教育的熏陶下，现在的大学生有很长一段时间与社会生活脱节，其劳动教育没有得到足够的重视，造成其出现劳动观念不强、劳动素养不高的情况。

（三）过分溺爱的教养方式

当代大学生中大多数为独生子女，他们在父母、亲友的悉心照料与宠爱中长大，缺乏独立思考的能力，缺少劳动素养。一方面，由于独生子女的存在，父母可以在子女身上投入更多的时间、精力和金钱。另一方面，父母、祖父母生长在相对贫困的时代，生活相对艰难，他们秉承着"不管多难，都不能让子女受苦"的思想，集合了数代人的力量宠爱子女。对于城镇户口的大学生来说，随着经济的发展、物质财富的增加，他们的家庭财产越来越丰厚，这种"先天性"的家庭资源让他们远离劳动，削弱了他们的劳动意识与能力。对于乡村学子来说，家长舍不得让他们干农活，更不愿意让他们参加春种秋收等农业活动。可以说，家长对独生子女过于溺爱，基本上剥夺了孩子劳动的权力。有些在家长和亲朋好友的关心下成长起来的大学生缺乏劳动锻炼，久而久之就形成了养尊处优、好逸恶劳的习性。因为从小劳动意识和劳动能力都没有被很好地培养，所以有些大学生的劳动意识比较薄弱，劳动观念比较消极，缺乏劳动能力，上了大学之后，他们还没有掌握一些基本的生活技能，更没有那种踏实拼搏的精神。

（四）高等教育中缺少劳动教育

目前，我国劳动教育工作存在着严重的不足，这一状况在高校中尤为突出。一是出于对劳动过程中发生的安全事故的担忧，各个学校都在大力推动后勤工作，很少能看到学生们辛勤劳作的身影，学校的走廊、厕所、教室都有专人负责打扫，花草树木的修剪也有相关的物业公司负责。二是一些大学在开展劳动教育方面存在着错误的认识，认为大学是一种专业教育，在教学方案中将专业知识、实训教学、生产实习等与劳动教育有一定重叠的实践教学环节进行了设计，因此不再需要专门开设劳动教育课程，这样的认识误区造成了实际的偏差，使劳动教育内容空心化和地位边缘化。有的学校虽然开设了相关的劳动理论课程，但是存在课程内容少、管理不规范、评价方法不科学等问题，学生的思想观念只停留在"开好课"和"讲完课"的程度上；有些学校尽管建立了实习基地，但只是做做样子，让学生"参观"居多，"劳动"较少；部分学校开设了劳动实践课，但是在教学过程中仅侧重于具体的劳动，而忽略了对学生劳动理念和劳动情感的培养。总的来说，在大学里，劳动教育始终不能达到让学生"出力、流汗"的程度。

（五）先进科技的广泛应用

现代大学生是在网络技术飞速发展和智能手机普及的年代长大的，他们对生活的自动化、信息化、智能化、远程化有着近乎自然的认同与亲近。尤其是，随着"互联网+"的快速发展，网络订餐、网购、叫车等社会服务越来成熟，饿了么、美团、淘宝、天猫、滴滴等网络平台已经渗透到了大学生的日常生活中，改变着他们的衣食住行。但是，科技也是一柄双刃剑，它一方面给人类的生产、生活带来了方便，另一方面也助长了人类的惰性。比如，外卖的兴起，一方面给繁忙的上班族节约了时间，另一方面也让学生们变得懒散起来，很多大学生已经习惯了点外卖，而不是去食堂用餐。打车软件的普及给学生们带来了便利，但也导致一些大学生出门时不愿走路，甚至不乘公交车，而更多地选择了滴滴这种快捷、舒适的叫车服务。可以说，有些大学生已经习惯了待在寝室里，在网络平台上做各种各样的事情，享受各种服务。总之，"互联网+"的不断发展使大学生的劳动能力进一步被削弱。

（六）社会上的急功近利之风

热爱劳动是中国人的一种传统美德，中国人自古就有"脚踏实地，艰苦奋斗"的优良传统。然而，近几年来，伴随着经济全球化、社会信息化程度的不断提高，中国改革开放与社会变革的不断深化，西方价值观快速进入中国，在一定程度上改变了人们的思想、行为方式，功利、浮躁的风气弥漫整个社会。

在全球化的背景下，随着现代科技的快速发展，地方与外来文化的交流越来越频繁，冲突与融合也在持续进行。在经济全球化的历史背景下，个人主义、拜金主义、利己主义等西方思想也随之盛行。同时，随着中国社会经济结构的不断变化，社会经济结构、组织形式、物质利益与就业模式日趋多元化，劳动者的劳动价值取向也呈现出多元化的趋势。受功利价值取向的影响，部分师生过于注重理论知识的传授，忽视了学生的综合素质和能力培养。就大学生来说，他们存在着贪图享乐、投机取巧等错误观念，有些人宁愿用阅读的方式来便捷、快速地获得书本上的知识，而不是亲自动手去做，从而使学校的劳动教育无法得到有效的实施。

第三节　提高大学生劳动素养的对策

一、构建大学生劳动素养培育体系

（一）加深劳动认识，培育劳动情感

全国教育大会曾指出，要大力培养学生的劳动精神，让他们尊重劳动，认识到劳动是最光荣的、劳动是最崇高的、劳动是最伟大的、劳动是最美的，让他们长大后可以辛勤劳动、诚实劳动、创造性劳动。高的劳动素养来源于对劳动的正确认识，学校应注重对年轻一辈劳动品格和积极劳动态度的培养，让他们能积极参与劳动，认识到劳动的不可或缺。劳动素养的培养要让大学生敢于从"象牙塔"中走出来，既要让学生积极地参加学校的各种实践活动，又要让其在社会的磨砺中认识和学会劳动知识、掌握劳动技能、培养劳动品格。高校实施劳动教育时可以结合学科专业特点，增强学生对劳动科学的认识，把劳动科学的教学与研究融入人才培养计划，设置有劳动特点的专业课程，建立劳动学科群，培养出具有深厚劳动情怀和扎实劳动素养的优秀毕业生。在一年级新生入学时，各个学校可以邀请校长或者书记给新同学上一堂新课程，让他们了解学校人才培养的初心与使命，让他们一入学就保持对祖国和民族的热爱，对劳动事业的热爱，努力学习，提高自己的能力，怀着一股热忱和积极的精神，做一个立德守正、追求创新的大学生。

新时代培养社会主义建设者和接班人任务对劳动教育提出了新的需求，即要培养出具有更高劳动素养的国家所需要的人才，这就要求高校必须把专业学习与学科特点以及行业特点有机地结合起来，加强学生对劳动的理解，帮助学生树立正确的劳动观念，把劳动素养的提高与高校学科专业、思想政治教育课程以及辅导员的日常思政工作有机地融合起来，让学生既能学习到知识，又能培养出良好的劳动素养。与此同时，要充分利用先进人物的模范作用，把先进事迹融入专业教学，让学生既能爱劳动，又能懂得劳动，对劳动的道理有更多的了解，对劳动的科学有更深的认知，提高他们的劳动意识，建立起正确的劳动价值观，进而提高学生的劳动素养。

（二）加强劳动体验，感受劳动的乐趣

学校应在国防教育训练、职业体验、社会实践和实习等方面进行渗透，让学生体验到劳动的乐趣。比如，高校可以组织学生参加军训训练营，锻炼他们的意志，提高他们的国防意识，让他们在思想上形成一种共识，即献身国防、报效祖国、牢记使命、为青春而奋斗。把实习车间、校外实习基地等都用作进行劳动实践的地方，把学生们带到企业中，让其切身体验工作，使劳动教育不流于形式，在实践中提高学生的综合劳动素养。

同时，学校也要将重点放在对学生和教师的劳动安全教育上，提高他们的劳动风险意识。此外，要建立起一套安全教育与管理并重的劳动安全保障系统，对劳动安全风险进行科学评估，对潜在的危险进行检查，健全应急处置机制，制订风险防控计划等。

（三）以劳动学习为重点，发展劳动技能

《高校思想政治工作质量提升工程实施纲要》指出，要把理论教育和实践培养有机地结合起来，要把各种实践资源进行整合，加强项目管理，使实践教育内容更加丰富、形式更加多样化，同时也要健全保障体系，让学生在实际工作中提高自己对知识的应用能力，培养自己的国家情怀。在高等教育中，对学生进行劳动专业技能的培养，除了在课堂上进行理论教学，改变学生思想观念，也要把提高学生的劳动素养融入学校的实践育人的立体网络中，把学生的劳动教育与实践活动以及专业的劳动技能训练相结合。

将劳动教育融入各种学生活动之中，提高他们的劳动素养。比如，学校可以为贫困家庭的大学生提供一些勤工俭学的机会，让他们能够在生活中获得更好的发展。通过开展春季植树、学雷锋、社区服务等活动，使他们能够更好地参与生产生活，提高劳动技能。比如，以"五一劳动文化节"为主题，增强大学生对劳动文化的认识；也可以根据劳动主题组织学生戏剧《劳动者之歌》，由学生自编、自导、自演，用艺术的方式来影响年轻学生，激发他们对劳动的热爱，铭记劳动者在中华民族伟大复兴的道路上的奋斗过程。举办"劳动主题诗词朗诵会"，将古今中外歌颂劳动的诗词、名言名句、经典著作进行全面的展示，以寓教于乐的形式进行劳动教育。还可以邀请劳模参加相关活动，使学生能够亲身体会到劳动的精神，让他们在活动中对劳动和奋斗有更深刻的认

识，对初心和使命有更全面的了解。这些形式新颖、内容多样的活动，既能充实学生的课外生活，又能使他们在参与的过程中全面提高自己的劳动素养，提升劳动实践能力。

（四）完善考核制度，提高学生的劳动意识

在今后的高校教育中，高校应该把劳动素养融入学生的综合素质评价体系，对学生课堂内、外的劳动过程及成果进行全面、客观地评价和记录，并将劳动素养评价的结果看作衡量学生综合发展的一项重要指标，学生评优、评先、毕业的一个重要标准，以及高一级学校是否录用的一个重要依据。高校应在学生的综合素质评估中，将劳动素养列入其中，并在此基础上对其进行评估。此外，高校还应对学生的实际劳动技能和劳动贡献进行评估，并将其作为衡量学生综合发展的一项重要指标。

高校可以在原来的学生综合素质评价体系之上，加入对学生劳动素质的评价；在奖项的设定上，可以增加"劳动之星""勤工之星"等个人奖学金，以表彰那些在学校里有良好的劳动习惯、深厚劳动情怀、积极参与各种劳动教育及实践活动的学生，并利用奖励制度提倡劳动奉献精神，培养学生树立正确的劳动价值观，使他们在评优中自觉地提高自己的劳动素养。

（五）充分利用资源，扩大实习基地规模

在培养大学生劳动素养方面，高校应扩大实习基地的规模，并积极推进学校内的标准化建设。比如，高校可以设立一个"一站式"的学生事务服务中心，让学生在工作中进行自我管理和服务，自己处理各种学生事务，从而使他们的自我管理和为他人服务的工作能力得到提升。学校也可以设立大学生创新创业园，让学生在学校里可以开展创新创业活动，同时让学生可以和社会进行交流和沟通，让学生各个领域的劳动技能都得到充分的提高，并全面提升自身的劳动素养。

大学生在校学习的实践活动应逐渐适应社会发展的需要。高校要结合学生的活动、实习、实践等活动，对学生进行有针对性的就业、创业指导。需要注意的是，指导地点不能仅仅局限于学校，而是要积极地扩大培养学生的劳动技能及劳动素养的场所，让他们能够走出学校，开阔视野，深入社会。高校应立足于高校的学科、专业优势，构建较为稳定的实训基地、实习基地。与此同

时，对参加实习、实训基地工作的大学生要进行一定的引导。比如，一些高校在搜集劳模校友资料的基础上，充分利用劳模的资源，强化劳动实践基地的建设，邀请劳动模范担任兼职辅导员，让劳模走进学生的学习和生活，对他们进行劳动教育。同时，高校还可以在劳模兼职辅导员的指导下，把"劳模精神""劳动精神""工匠精神"等内容融入教育实践。

（六）强化宣传引导，营造良好的劳动环境

现代社会的教育与全媒体、自媒体的信息沟通密不可分，培养大学生的劳动素养也需要社会环境和舆论的引导。新时代的高校大学生具有很强的独立性，所以在培养他们的劳动素养方面，还必须有创新的互动方式，要用生动的方式进行教学，这样才能将劳动的风尚转化为学生的劳动认识。在社会层面上，要创造一个良好的环境，让整个社会都能关注、支持劳动教育，对劳动教育的典型经验、劳动模范的先进事迹进行宣传和传播，并以大学生们喜欢的方式对普通劳动者进行赞美。这几年，国家大力倡导"大国工匠""时代楷模"等优秀人才，为大学生树立起了学习的榜样，同时也为他们提升劳动素养、提高劳动技能提供了指引。另外，许多媒体也通过"两微一抖""小视频"等现代年轻人喜欢的形式对全国劳模和五一劳动奖章获得者进行宣传。我们要大力弘扬劳动精神、劳模精神和工匠精神，让广大大学生有一种劳模离我们很近的感觉，并在全社会形成崇尚劳动、尊重劳动和劳动者的新风尚，用劳动楷模取代青年偶像，让大学生从身边的小事做起，主动提高自己的劳动素养。

（七）鼓励劳动创新，感受创造价值

在"中国制造"向"中国创造"转型的新阶段，国家对劳动市场的要求发生了变化。数字化时代，人才对劳动素养的需求出现了新特征，除了传统的体力劳动和物质生产劳动，还对探究性、创造性劳动、艺术审美性劳动等方面提出了更高的要求。学生要转变观念，敢于突破传统，并在学会各种基本劳动技能的基础上开展劳动创造，提高自己的社会竞争力。高校要对大学生进行劳动素养的培养，既要掌握好教育的方向，把好劳动教育的价值取向，让学生有一个正确的劳动理念，又要遵循教育规律、成长规律，要与当代大学生的年龄特征相适应，同时也要反映出这个时代的特点，要跟上科技发展、行业的变化，要在新的劳动形态下加强对新兴技术的创新，加强产学研的融合，健全劳动素养的培养方式,让学生真正成为社会需要的勇于创新的劳动者。

二、将劳动教育纳入人才培养方案

(一)注重劳动教育理论的教育

在科技进步的今天,高校教育的方法与手段也越来越多元化,但其核心还是课堂教学。为此,高校应对课程进行优化,发挥课堂主阵地的作用,系统化开展劳动教育。

一是开好劳动教育的公共必修课和选修课,利用劳动教育课程引导大学生热爱劳动,勤于劳动,主动参与劳动,摒弃"少劳多得"的侥幸心态,树立正确的劳动观念。

二是在思政课中强化劳动教育,利用思想政治课让学生明白,劳动是中华民族的优良传统,幸福的人生靠拼搏,培养其对劳动的敬畏之情。

三是将劳动教育元素与专业课有机地结合起来。一般来说,大学生更看重专业课,所以要将劳动教育纳入专业课,对他们进行思想指导,在他们的心灵上激起共鸣。

四是将劳动观念融入大学生职业生涯规划和就业指导课程,将劳动精神、劳模精神、工匠精神、艰苦奋斗精神等内容融合起来,对大学生进行教育,使他们能够深入基层。然而,要想保证劳动课程的教学效果,就必须对其进行科学、高效的评价,同时也要完善其评价机制。

总而言之,要通过劳动课的教学,使大学生转变错误的劳动观念,对体力劳动和脑力劳动之间的区别与联系进行辩证的认识,从而建立起学生对劳动的正确认识,培养起一种积极的劳动情感。

(二)加强学生的劳动实践锻炼

劳动是一种实践性的活动,所以,劳动教育必须要把课堂教学和课外实践结合起来。如果没有课外实践,那教学就会陷入书本化、形式化的状态,这样的教学方式很难让大学生对劳动的认同感和尊敬感得到有效的培养。所以,在大学里,还要强化实践锻炼,通过各种形式的劳动实践活动,让学生真正地体会到劳动带来的获得感和成就感。

一是要在学校里开展劳动活动,探索建立劳动周,让大学生参加学校的清洁工作，让他们用自己的劳动创造一个干净、美好的校园环境，让学生在"流自己的汗"的劳动实践中，培养他们的主动劳动精神。

二是开展诸如志愿服务、公益活动和社会实践等课外劳动实践活动，使学生充分利用自己的特长，在为社会服务的实践中加强同劳动人民的联系，增强对劳动人民的了解，培养他们对劳动人民的感情。

三是要建立起劳动教育和职业体验基地，开发与生活紧密相连的劳动体验课程，把学生带到车间和田野里，让他们在学工学农的过程中发展自我，创造财富，获得快乐。

总而言之，要让学生体会到劳动的快乐，体会到劳动的果实带给他们的满足感，培养他们吃苦耐劳的精神，养成他们独立、负责的性格，进而培养出学生尊重劳动、热爱劳动的真诚情感。

（三）开展校园劳动文化建设

高校校园文化在一定程度上影响着大学生的思想观念、价值取向和行为模式。学校要加强劳动育人的校园文化，弘扬劳动精神、劳模精神和工匠精神，把劳动教育融入学校的文化。

一是充分发挥劳模的作用，通过举办劳模大讲堂、"大国工匠进校园"等主题活动，在学校网站、橱窗、走廊等宣传阵地进行宣传，使大学生可以近距离接触劳模，聆听劳模的故事，感受榜样的力量，从而引导广大学生崇敬劳模、学习劳模、崇尚劳动、热爱劳动。

二是要充分利用朋辈的影响力，探讨建立与劳动相关的兴趣小组、学生社团，在班会、团课、社团活动中进行与劳模精神有关的主题演讲、知识竞赛、作文比赛、辩论赛、情景剧赛等活动，让学生积极地对劳动的意义和价值进行探究和思考。通过开展手工制作、电器维修、班务整理、室内装潢、寝室内务技能竞赛等以劳动教育为主题的手工劳技展演，增强学生的劳动意识，强化他们的劳动习惯。

总而言之，在高校里，要宣传劳动价值观，创造劳动光荣的文化氛围，树立"崇尚专业，不以学历，凭能力"的劳动理念和劳动文化，使大学生热爱劳动，崇尚劳动，主动提升自己的劳动素养，成长为具有浓厚劳动情怀、突出劳动技能的高素质大学生。

（四）重视对劳动的价值引导

新时代强化劳动教育，意味着要建立"德智体美劳"五育相结合的新的教育体制。这就说明，劳动教育不但要向学生传授劳动知识、技能，而且要注重对学生劳动思想、态度等方面的培养。劳动并非终极目标，它只是一种教学方法，不仅仅是向学生传授劳动的知识和技巧，还包括价值观的培养，要在培养学生的全过程中，通过培养他们的劳动意识、基本的生存能力、责任担当意识来培养祖国、民族和社会的有用之才。为此，大学教育工作者要充分认识到，劳动教育不仅仅是单纯的开设一门理论课程，更不是要做很多的劳动任务，而是要以培养学生的劳动价值观为主要目的，在劳动教育中增强学生的劳动意识，转变他们对待劳动的态度，培养他们热爱劳动的感情，使他们养成尊重劳动、热爱劳动的价值观。比如，大学设立勤工助学岗位，不仅要让学生做好相关的工作，更要让他们体会到，只有付出才能得到奖励，让他们克服不劳而获的思想；让学生参与校园清洁工作，使学生认识到，一个整洁、美好的校园是所有老师、学生和清洁工共同努力的成果，从而自觉地保持校园的整洁，创造一个文明、美丽的校园。

三、树立新时代大学生劳动价值观

（一）新时代大学生劳动创新观

创新是经济发展的原动力，国家提出的创新驱动发展战略就是一个很好的例证。在实施战略的过程中，人才的开发是一个至关重要的环节，应强化劳动创新，持续提升劳动者的素质，培养出学习型、知识型和创新型的新一代人才。大学生作为一个充满活力和创造力的群体，应该走在改革创新的前沿，要把握创新的特征，遵循创新的规律，既要有奇思妙想，又要"无中生有"，追求原创性，又要善于吸收，再创新；要敢于逢山开路，遇河架桥，勇于开拓，勇于创新；要以求实求真的态度立足本职，不断积累经验，取得成绩。

马克思在《资本论》中提出了劳动者通过创造性劳动可以改造世界的观点，进而提出了"自由创造"的劳动观。在新时代，这种劳动观主要表现为培养具有创新精神、创新思维和创新能力的劳动者，以主人翁的态度积极投入社会主义现代化建设，在自己的岗位上不断进取，不断提高学习能力、劳动能力和创造力，积极参加岗位练兵和技术比武，争做一名"金牌工人""首席职工""创新能手"，努力做一名知识型、技术型、创新型人才，为社会主义事业贡献自己的力量。

（二）新时代大学生劳动平等观

劳动是人生存与发展之本，建设一个富强民主文明和谐美丽的社会主义现代化国家，归根结底还是要依靠劳动者。革命家李大钊认为，人生求乐的方法没有比尊重劳动更好的了。乐境是用劳动创造的，苦难是用劳动来摆脱的。总结古今先贤的真知灼见：尊重劳动应当成为社会的主流价值取向。

社会公民都要以辛勤劳动为荣、以好逸恶劳为耻，在任何时间、任何地点，都不能产生看不起劳动者的想法和行为，不能有不劳而获的思想。人靠劳动创造，社会同样也靠劳动创造。劳动无贵贱之分，任何工作都是光荣的。新时代大学生的劳动平等观倡导大学生要尊重劳动、尊重劳动者。大学生要意识到，无论从事何种职业，都要用辛勤的汗水浇灌出香甜的果实。

（三）新时代大学生劳动学习观

劳动与知识是一种相辅相成的关系。知识来自勤奋和努力，是刻苦劳动的成果。大学生应自觉加强学习，不断提高自己的能力。大学是人生的黄金时期。在大学期间，一个人的学识是否扎实，将会影响一个人的一生。广大学生应如饥似渴，勤学不倦，不但要读有字的书，而且要读无字的书，要注意学习生活中的经验和社会方面的知识。所有的知识最终都要转变为实践能力，都要通过实践练习才能真正获得。大学生要做到知行合一，注重在实践中领悟真理、锤炼意志、增长能力。广大高校学生不应空谈理想，而应把知识用到实践中去检验、领会，并付诸行动。

（四）新时代大学生劳动奉献观

社会主义制度的确立为我们开辟了通向理想境界的途径，但这也要依靠劳动者的努力。广大大学生作为祖国的明天，更要自觉地践行"敬业奉献"的劳模精神。在建设现代化国家的过程中，大学生的劳动技能与素质必须与时俱进。大学生要自觉地把自己的青春奉献出来，为社会建设做出更大的贡献。大学时间是很宝贵的，应该好好利用，努力学习，努力劳动，为未来留下宝贵的记忆。

第三章 大学生劳动精神及培养路径研究

第一节 大学生劳动精神及培养路径

一、劳动精神概述

劳动精神的内涵是崇尚劳动、热爱劳动、辛勤劳动、诚实劳动。其中，崇尚劳动指的是要树立正确的劳动价值观，要充分认识到劳动最光荣、劳动最崇高、劳动最伟大、劳动最美丽，劳动创造了物质财富和精神财富，劳动创造了美好生活，要尊重普通劳动者。热爱劳动就是要养成正确的劳动态度，使劳动者自觉、主动地劳动。辛勤劳动指的是对劳动过程及其强度的充分肯定，指的是要充分遵循劳动的客观规律以及要达到的劳动强度，体力劳动需要付出辛劳和汗水，脑力劳动也需要付出智慧和心血。诚实劳动是一种对劳动者道德品质的客观要求，它要求劳动者脚踏实地、求真务实、实事求是。崇尚劳动、热爱劳动、辛勤劳动和诚实劳动分别蕴含着"劳动价值观""劳动态度""劳动过程"和"劳动道德"四个方面的内涵。从这个意义上说，劳动精神指的是正确的劳动观、劳动态度、劳动过程和劳动品德。

新时代大学生劳动精神培育指的是以塑造大学生劳动观念、端正大学生劳动态度、树立大学生劳动品德、培养大学生劳动习惯、培育大学生劳动情怀等为主要内容，以提高大学生的劳动素质为目的，推动大学生德智体美劳全面发展为目标的教育活动。新时代劳动精神培养的对象是大学生，他们尚处于大学阶段，还未走出校门、步入社会，具有较高的可塑性。引导大学生认识劳动、认同劳动、参与劳动，可以帮助大学生在劳动过程中收获知识、获得成长。

新时代的劳动精神既有从西方思想家那里汲取的理论经验，又有从中华优秀传统文化中汲取的经验教训，有着极为深刻、丰富的思想意蕴。

二、大学生劳动精神培养路径

（一）突出学校的主导功能

高校承担着培养新一代人才的使命和任务，是对青年学生进行劳动教育的主阵地。高校是知识的发源地，是育才的摇篮，更应肩负对大学生劳动精神的培养责任，为中国社会主义现代化建设提供更多高素质的人才。在培养学生劳动精神方面，学校应在该过程中起到至关重要的作用，要明确培养劳动精神的主体，扩大培养劳动精神的平台，丰富培养劳动精神的内容，创新培养劳动精神的方式。学校对学生的教育不应只限于课本知识的传授，还应指导学生的全面发展，也就是让他们在德智体美劳各方面都得到更为全面的发展。

高校开设劳动课程的目的就是要使学生自觉参加劳动，因为真实的劳动就在我们身边。劳动是每个人一生中必不可少的一堂课。高校要加强对新时代大学生劳动精神的培育，让它存在于每个人的心中，并积极弘扬劳动精神，使其在社会上成为一种风气。要实现这一目标，首先要改变传统的教育观念，积极创造有利于培养劳动精神的校园氛围，对学生进行科学的劳动价值引导。

此外，学校还要善于利用校内外的各类资源，比如，校内的学生组织、学生会、学生社团等，借助他们的力量开展丰富多彩的校园活动，提高大学生的参与度。要加强学校与企业的联系，充分发挥校外实践基地和教育基地的劳动教育优势，全面开展大学生劳动教育活动。此外，高校要定期组织大学生参加劳动，让他们亲身体验劳动、感念劳动，知道劳动的珍贵，珍惜劳动得来的一切，并学会传承劳动文化、弘扬劳动精神。

总之，创新的劳动形式可以让大学生更加主动地参加劳动，让他们接触更多的新鲜事物，而传统的劳动教育方法已不再适用。当今社会，劳动教育的途径是可以而且应该是多种多样的，劳动精神的培养途径也需要不断进行创新，高校要高度重视这一问题。

（二）重视社会环境的影响

在培养大学生的劳动精神方面，社会应该尽其所能地起到积极的支持作用。社会虽然不是大学生劳动精神培育的主体，但它可以为大学生劳动精神的培育提供必要的条件支持，比如，调动各方面的社会资源为大学生提供参与劳动实践的场所。比如，利用相关部门的力量对高校、企业、公司、工厂、家庭农场之间的合作进行协调，激发他们之间互动的积极性，做到互帮互助。这些机构或单位为高校提供实践场所，高校也为这些机构或单位输出大量人才，这样就可以实现双赢。

同时，社会也能为大学生的劳动实践提供技术支撑。在对大学生进行劳动精神培养的过程中，社会不但可以为其提供必要的环境，而且可以为其提供一些技术支持。比如，一些学校没有相应的技术，而有些企业却具备，这时就可以加强校企之间的合作，达到相互交流的目的。特别是有些高新技术企业能够让大学生感受现代化的高科技。而对于某些主修"智能制造"的同学来说，若能有机会接触世界上最先进的科技，将会更好地发挥他们的想象力与创造力。在这里，他们可以感受新的劳动形态、体会新的劳动方式。特别是在新时代，如果能通过这种实践的方式让学生们从中得到一些启发，那对于学生来说无疑是一件非常有意义的事情。由此可以看出，高校借助社会的科技支持可以为大学生的实践劳动开辟更多的途径。

（三）发挥家庭的熏陶作用

父母对子女的影响是终身的，因此，在培养大学生的劳动精神方面，家庭也是一个不容忽视的因素。在大学生的劳动精神教育中，家庭是重要的教育场所，要注意创造一个美好的家庭环境，营造良好的家庭气氛，使其在大学生劳动精神教育中起到积极的作用。比如，作为家庭里的一员，每个成员都应该有一个好的打扫卫生的习惯，而不能将清洁工作交给某个家庭成员。一家人要自觉打扫卫生，把自己的东西整理好，注意美化、绿化、亮化家庭环境，使家庭环境经常焕然一新。

创造一个整洁、温馨的家居环境，不仅可以让一家人养成良好的劳动意识，还可以让一家人彼此关心、彼此尊重，从而让家庭成员始终保持良好的情绪和身心健康状况。因此，家长们要注意把握好在衣食住行等日常生活中的劳动实践机会，让孩子自觉参与、自己动手，随时随地、坚持不懈地进行劳动，掌握洗衣做饭等基本的家务劳动技能。除此之外，在家庭中要建立起一个崇尚劳动的良好氛围，在平时的生活中，父母要对大学生进行言传身教，进行潜移默化的教育，让他们形成热爱劳动的好习惯。

（四）增强大学生的自育作用

内因是基础，外因是条件，外因要通过内因才能起作用。在高校中，要培养学生的劳动精神，首先要发挥大学生的自我培育作用。大学生要树立起正确的劳动观念，养成良好的劳动习惯，并培养出自身热爱劳动和热爱劳动人民的思想情感。此外，大学生还应具有良好的道德品质，遵守劳动纪律，爱护劳动工具，尊重劳动成果。大学生应该建立起科学的劳动观念，坚持正确的劳动态度，培养良好的劳动道德和劳动习惯，塑造崇高的劳动情怀。大学生的自我教育要结合自身的特点，这样才能取得更好的劳动教育成果。

第二节 大学生劳模精神及培养路径

一、劳模与劳模精神概述

中华民族是热爱劳动、善于创新的民族。几千年来，中国人民用勤劳的双手创造了辉煌的历史，取得了辉煌的成就。中华人民共和国成立后，"两弹一星"、三峡工程、南水北调、西气东输、载人航天、月球探测、杂交水稻等激动人心的辉煌成就背后凝聚了无数劳动者的心血，而在这些生产劳动活动中涌现出来的劳动模范则发挥了主力军的作用。他们身上所体现出来的爱岗敬业的主人翁精神、争创一流的进取精神、艰苦奋斗的拼搏精神、勇于创新的开拓精神、淡泊名利的"老黄牛"精神、甘于奉献的忘我精神激励着一代代劳动者奋进前行、努力争先。

（一）劳模及劳模精神的概念

劳模是劳动模范的简称，有广义和狭义之分。广义的劳动模范是指劳动的楷模和榜样，一切用辛勤劳动推动人类社会发展的人们均可称为劳动模范。狭义的劳动模范是指在社会主义生产实践中做出巨大贡献并被授予"劳动模范"光荣称号的先进分子。本书中所讲的劳模是指狭义的劳模。

劳模是我国社会主义建设事业中涌现出来的佼佼者，为经济发展和社会进步做出了巨大贡献，他们的优秀品质和思想行为体现出了"爱岗敬业、争创一流,艰苦奋斗、勇于创新,淡泊名利、甘于奉献"的崇高的劳模精神。劳模精神是劳模世界观、人生观和价值观的精神升华,是国家和人民极其宝贵的精神财富,是推动时代前进的强大精神力量。

(二)劳模精神的体现

具体来说,劳模精神主要体现在以下方面。

1. 爱岗敬业、孜孜不倦

爱岗敬业是爱岗和敬业的总称,爱岗指热爱自己的工作岗位,热爱本职工作,这是职业道德的基础,它与敬业互为前提、相辅相成。即使面对的是乏味的、枯燥的工作,也能以一颗赤诚之心孜孜不倦地投入其中。

2. 争创一流、勇当源头

争创一流就是要做得比其他人强,敢于争当标兵,敢于做他人的榜样;勇当源头就是要进行大胆的尝试,有勇气,有决心,排除万难,勇于开创。劳模们就是凭借这样一种精神,在自己的工作岗位上刻苦钻研,让平凡的工作成为自己崇高事业的。

3. 艰苦奋斗、顽强拼搏

艰苦奋斗、顽强拼搏自古以来就是中华民族的传统美德。勤劳勇敢的中国人民正是凭借这种精神,让饱经沧桑的中华民族屹立于世界的东方。在建设中国特色社会主义现代化的进程中,艰苦奋斗、顽强拼搏的精神在劳模身上显得更加明显、更加突出。

4. 淡泊名利、甘于奉献

人世间的美好梦想只有通过诚实劳动才能实现。盘点劳模,我们就能发现他们身上具有的淡泊名利、甘于奉献的特质,不论眼前的事物多么纷繁,他们总是能穿越迷雾,坚定地向自己心中设定的目标前进、奋斗。心无杂念,淡泊名利,宁静致远,劳模们用他们的实际行动诠释着一名普通劳动者应该有的人生态度。

5. 砥砺奋进、开拓创新

劳模精神永不过时。无论时代怎样变迁,劳模始终是时代的领跑者,是时代最蓬勃向上的力量。新时代涌现出越来越多的智慧型劳模和创新型劳模,他们开拓创新、刻苦钻研、勇于担当,不断谱写时代发展的新篇章。

(三)劳模精神的主要特征

劳模精神丰富和发展了我国的民族精神和时代精神,具有鲜明的特征。归纳起来,劳模精神主要有以下特征。

1. 时代性

任何精神都是时代的产物,都具有鲜明的时代性。在特定的时代背景下产生的劳模精神同样具有时代性。长期以来,广大劳模以平凡的劳动创造了不平凡的业绩,铸就了"爱岗敬业、争创一流,艰苦奋斗、勇于创新,淡泊名利、甘于奉献"的劳模精神,丰富了民族精神和时代精神的内涵,是我们极为宝贵的精神财富。

劳模精神的时代性主要体现在两个方面:一方面,劳模精神不是凭空产生的,也不是一成不变的,它是中国共产党在探索民族独立、人民解放和社会发展的时代背景中,寻求经济独立的过程中产生和发展的,它随国家意识形态、经济社会发展和时代变迁而不断发展;另一方面,劳模精神在不同的时代被赋予了不同的内涵,劳模精神是时代的标杆,是自觉地引领时代前进的旗帜,劳模精神丰富了时代精神的内涵,是推动时代向前发展的重要精神力量。

2. 先进性

劳模精神的先进性体现在劳模精神具有与时代的发展相一致的价值取向,它是劳模身上所折射出来优秀品质和优良作风的集中体现。劳模是广大劳动者中先进分子的代表,他们身上所承载的劳模精神具有先进性。如今,劳动者的结构也发生了显著变化,知识分子、民营企业家等都为中国社会经济发展贡献出了各自的力量,他们中的先进分子身上也闪耀着劳模精神。劳模精神作为一种先进的思想,其先进性也是与时俱进的。

3. 教育性

劳模精神的教育性体现在它是一种可以广泛推崇和学习的价值取向,能够教育和引导人民。广大劳模在平凡的岗位上艰苦奋斗、努力工作、服务人民,是值得人们学习的。劳动模范本身是平凡的,但凝聚在他们身上的劳模精神与社会提倡的社会主义核心价值观是伟大的。因此,要大力弘扬劳模精神,传承好中华民族优秀传统文化,发展好中华民族最傲人的独特品质,充分发挥劳模精神教育引导作用,让其深入人心,受人尊崇,形成人人争当劳模的好风尚。

二、争做新时代的劳动模范

（一）新时代劳动模范精神的价值意蕴

1. 从内容上看，新时代劳模精神是马克思主义劳动观的生动展现

劳动创造了人类社会，劳动推动了人类社会的发展，劳动是价值和财富的源泉。社会主义制度下的劳动不再是异化的，而是体现平等、回应人的本性，这为新时代劳模精神的产生提供了丰沃的土壤，而劳模精神也在中国特色社会主义进入新时代的征程中不断发挥凝聚力、生命力、创造力。新时代劳模精神需要立足新时代、把握新矛盾、学习新思想、掌握新方略、迈上新征程。

2. 从地位上看，新时代劳模精神是中华优秀传统文化的时代结晶

回顾中华文明史，中华文化源远流长，有中华优秀传统文化、革命文化、社会主义先进文化以及贯穿其中的劳动人民的生产实践凝练出的劳模精神，而劳模精神又在新的时代条件下再生再造、凝聚升华。从钻木取火到大禹治水，从《管子·地数篇》到《天工开物》，无不凝结着劳动者踏实朴实、甘于奉献的精气神，这种精气神传承了中华文化的因子，为劳模精神和中华文化在推动中华民族向前发展的进程中注入了强大的精神动力。

3. 从目标取向上看，新时代劳模精神根植于中国共产党领导中国人民进行的长期奋斗

中华人民共和国成立以来经历了1976年的唐山大地震、1998年的长江特大洪水、2003年的非典、2008年的汶川地震、2020年暴发的新型冠状病毒感染。然而，多难兴邦，在一场场具有许多新的历史特点的伟大斗争中，中国共产党始终是中国人民和中华民族的中流砥柱，有了这个主心骨，无论是科研攻坚者还是坚守一线者，无论是外卖人员还是"90后"护士，都在埋头苦干、躬身实践、共克时艰中造就了中国奇迹，实现了劳动创造幸福的价值引领。

（二）构建新时代劳动教育的新范式，提升劳模精神育人的实际效果

新时代劳动教育以劳动的时代价值为指引，突出"原味"，添点"鲜味"，寻求劳模精神教育与新技术、新工具、新手段的有机融合，探索"立体劳动、智慧劳动、阳光劳动"的劳动育人模式。通过专业式引导、嵌入式教学、开放式共读、互动式交流的"四式"教学法，劳动教育能够互联互动，实现在线劳

动教育资源共享、教育共同体共筑、教育教学活动共联的共建目标，努力让新时代劳动教育入脑入心，让劳模精神内化、升华。

1. 专业式引导

广大劳动者无论从事什么样的职业，都要勤于学习、善于实践，踏实劳动、勤勉劳动，在工作上兢兢业业、精益求精。劳模精神的培育需要专业式引领，要在贯穿、结合、深入上下功夫，逐步厚实劳模精神的教育内涵；仔细梳理各门课、各环节所承载的劳模精神元素和蕴含的劳动模范先进典型；从历史、文学课中致敬普通一线劳动者，见贤思齐，学习艰苦奋斗的优良传统；从工科、理科的专业课程中习得专业化技能，融入精益求精的工匠精神，提高自主创新实践能力，增强专业认同感；从思政课中感知马克思主义劳动观的思想光芒，理解新时代劳动教育的价值意蕴，树立正确的劳动观，渗透职业认同感，打造劳动教育的"金课"。

2. 嵌入式教学

新时代劳动教育需要构建体系，加强教育的顶层设计，切实发挥课程的教育力。这是一次集项目式教学、线上线下联动教学于一体的体验式劳动教育，通过"做中学"的理念，虚拟的线上阶梯教室也能提供真实的学习体验。以劳动教育活动为引领，让每一个学生在精益求精、吃苦耐劳、锐意进取中淬炼精神，让强化社会责任和奉献精神的自我提升之路有陪伴、有目标、有思路、有信心、有底气。

此外，以学生喜闻乐见的方式渗透劳动教育的理念，成立"学习宣传劳动教育学生宣讲团"，让同学们走进班级、社区、家庭、敬老院、中小学等，让宣讲"有朝气、接地气"，实现内部滚动式自我学习。同时，"田野课堂，自然为书"的研学活动成为不少高校暑期"三下乡"的精品探索，从实践基地到历史名城，从田间地头到科学探索，在亲身体验中让劳动模范的精神滋养育人初心。

3. 开放式共读

读书这一老生常谈的问题经常是教师倡导得多、学生响应得少。即便参与，也是在固有模式下，缺乏可持续的原动力。团队共读应秉承"核心+开放"的原则，开展劳动教育"有字之书"的共读学习圈活动，还要在实践中读劳动之"无字之书",让学生感知到踏踏实实的劳动带给我们心灵的滋养,进而形成紧密的互助共同体。

4. 互动式交流

新时代劳模精神的培育对象是"00后",这是一群伴随着互联网的发展成长起来的"网络原住民",故而"不珍惜劳动成果、不想劳动、不会劳动"的现象会更突出。要想了解当代大学生劳动教育的诉求,进而开展契合度高的教育活动,需要与其进行互动式交流,而交流的前提是聚合力量,以关照人的内在劳动需要为切入点,实现"三变",即活动参与群体由"加法"变"乘法"、发展模式由"发散"变"聚合"、运行方式由"封闭"变"共享",通过多样化、新颖化的呈现,用新时代劳模精神提升大学生的理想理念和价值观的存留度,完善新时代劳动教育的引领机制、长效机制。

(三)做新时代最美劳动者

1. 让新时代劳动模范"活起来"

广大劳动群众要勤于学习,学文化、学科学、学技能、学各方面知识,不断提高综合素质,练就过硬本领。劳动模范是民族的脊梁,他们身上凸显出的"淡泊名利、艰苦奋斗、勇于探索"的意志品质,是立体、饱满的新时代劳动教育的精神宝库。新时代劳动模范的形象需要通过可视度高、互动性强的方法、工具、手段与新时代青年产生"连接",不断激活大学生向劳动模范学习的同向同行的原动力。

2. 让新时代劳动模范"实起来"

"天眼"探空、"蛟龙"入海、"墨子号"发射,让我们由衷地相信幸福是奋斗出来的。讲好新时代劳模故事、做新时代最美劳动者,就是要将"担当实干"扛在肩头,讲好"爱一行、干一行"的坚守与踏实,讲好"服务人民、报效祖国"的快乐与成长,讲好"爱岗敬业、争创一流"的态度与尊严,用踏实劳动来磨炼意志、淬炼精神,引导新时代大学生埋头苦干、真抓实干,不断释放劳动潜能、焕发劳动热情。

3. 让新时代劳动模范"酷起来"

用心聆听学生的声音,把"带着学生劳动"变为"师生一起劳动",开展以"美好劳动节文化创意SHOW"为主题的系列活动,利用抖音、B站、荔枝 FM 制造一些外部具化的文化场景，给青年朋友们提供与劳动模范可接触的渠道，在增进亲近感、信赖感的同时，一方面让学生将自身劳动创造幸福的潜力迸发出来，从而带动周围的同学，增强对劳动理念的认同、对劳动课程的认同，另一方面寻求劳动教育与思政的有机融合路径，探索"全天候、立体化、强赋能、可辐射"的劳动育人模式，打造一个高净值、个性化、强链接的交互场域，形成良好互动机制。

在全面加强新时代劳动教育的关键时刻，需要用更加饱满的热情、更加理性的认知、更加高效的方法，把握学生成长的内在规律，遵循劳动育人的教育原则，不断提炼新时代劳动育人的新样本，勇当新时代的劳动模范，让青春在劳动中闪光。

三、大学生劳模精神培养路径

劳动教育与社会实践是青少年必不可少的课程，事关青少年的德智体美劳发展，还关乎党的教育方针、社会主义的伟大前程。实践出真知，劳动教育和社会实践是促进青少年将课本上的知识、技能转化为主体劳动精神，养成劳动习惯的重要方式。

（一）营造劳模精神的文化育人氛围

以文化人、以文育人，这是一种与新时代大学生特点相结合、展开隐性思想教育的新思路。所以，在对大学生进行劳模精神培养的过程中，家庭、学校、社会要共同发力，形成一种协同育人的格局，将劳模精神的要素融入家风塑造、校园文化建设以及社会宣传，营造出一种浓郁的育人氛围，让大学生在不知不觉中增强对劳动的认同。

（二）优化培育劳模精神的课程体系

高校是立德树人的主要阵地，在培养和弘扬劳模精神方面发挥着重要作用。为此，高等学校要以鲜明的旗帜唱出"为人民服务"的主旋律；要切实树立"劳动育人"的观念，让"劳动"变成大学生的一种自觉；注重对高校劳动课程体系的建设，加强对学生劳动价值观的构建。

1. 优化多元化师资队伍，增强劳动教育的实效性

高校应组建"家庭启蒙师—校内班导师—校外讲师"三个层级、专兼结

合、内外互补的师资队伍;加强与学生家长的沟通联系,促进家校协同开展劳动教育,充分利用校内班导师(班主任、辅导员、社团指导教师等)、社会讲师(志愿服务组织、公益组织讲师等)、劳动教育领域研究专家等师资力量,开展劳动教育理论授课、分享交流会。

2. 健全多样性课程体系,提高学生的劳动能力

高校应健全"理论课程—技能培训—项目实践"个性化、多样性、多层次的课程体系。例如,开设劳动教育理论课程与讲座,开展劳动技能培训,实施劳动项目实践,培养学生的劳动精神,营造尊重劳动的文化氛围,引导学生在劳动精神的熏陶下积极参与劳动。

(三)细化劳模精神考评机制

要想检验学生在短期内的学习效果,最重要的方法就是建立一套科学、行之有效的教育评估体系,而教育实践是由教育者和教育对象共同组成的,所以,要注意强化对教育主客体的双向评估。通过对教学目标的评价,可以使学生清楚地认识到自己在学习中存在的不足之处;同时,通过对学生的学习情况进行评估,可以更好地了解学生在学习中遇到的问题,从而更好地改进教学方式与方法。由于缺少劳模精神培育的考评机制,大学生对学校进行的劳动教育实践活动缺乏热情,因此,高校要构建完善的劳模精神考评机制,改善大学生敷衍了事的消极心态。

(四)强化劳模精神的实践教育环节

劳模精神的培育并非单纯是一种道德教育,而更偏向于劳育的范畴。如果只是单纯地对理论进行学习,那么大学生对劳模精神的认识只会停留在表面上,所以一定要将其与实践相结合,让大学生真正体会到劳动创造的快乐,从而提高他们的劳动能力。任何成果都不可能是一蹴而就的,大学生的劳动能力也不可能是一朝一夕就可以培养出来的,这需要家庭、学校以及社会的通力合作,为大学生提供更多的劳动平台和劳动机会,让他们在实践过程中体会到劳动的乐趣,从而真正提高他们的劳动参与感,增强他们的劳动能力。

1. 建立多层次组织阵地,引领学生投身劳动教育活动

高校应形成"宿舍劳动小分队—班级劳动团队—学院劳动组织"的多层次组织阵地;完善各级组织结构并建立长效保障机制,包括劳动教育组织机制、

劳动教育激励机制，让劳动者个体在劳动教育组织中发挥作用，形成"个人—宿舍""个人—班级""个人—学院"的优良"涟漪效应"，发挥组织优势，实现劳动教育资源共享。宿舍小分队开展"一屋不扫何以扫天下"清洁活动；班级团队利用班会、主题团日活动开展劳动教育；学院层面成立院级青年劳动组织，根据学院特色、结合专业特长开展劳动教育。

2. 搭建多层级实践平台，拓展劳动教育资源

高校应搭建"学院劳动平台—学校劳动平台—社会劳动平台"多级平台。学院劳动平台主要依托学院实验室、宿舍区、沙龙区、宣传栏等建设；学校劳动平台主要依托图书馆、食堂、操场、教学楼等公共场所建设；社会劳动平台可以依托校区附近街道、广场、老人院、特殊学校建设。利用不同层级的实践平台丰富学生的劳动体验。

3. 培育多类型品牌活动，打造劳动教育精品项目

一方面开展项目孵化，依托大学生劳动者群体优势，由劳动教育导师指导劳动骨干团队，对大学生周边生活、周边社区以及特殊群体的劳动项目进行针对性调研，探索劳动教育新形式，开拓劳动教育品牌项目。另一方面优化已孵化的项目，如广东工业大学不断调整经济与贸易学院"一米阳光"服务项目、管理学院特殊儿童学校服务项目、计算机学院"情暖万春"医疗云平台项目等，以应对在劳动教育过程中出现的问题，促进服务项目蓬勃发展。

4. 开展多阶段劳动锻炼，锤炼学生的意志

高校应打造"家庭劳动—校内劳动—社会劳动"多阶段劳动锻炼链条。例如，开展家庭劳动"五个一"活动，即陪家人买一次菜、为家人做一次饭、为厨房做一次清洁、为家人整理一次卧室、为家人拖一次地；实施"三清"校内劳动，即教室清朗、饭堂清洁、厕所清新校园美化活动；开展街道清理、电器义修、大型活动服务等校外劳动，锻炼大学生的劳动能力，锤炼大学生的意志。

第三节　大学生工匠精神及培养路径

一、工匠精神的内涵

工匠及工匠精神是一个古老和不断发展的概念。究其历史渊源，早在《周礼·考工记》中就有相关描述："知者创物，巧者述之守之。"《韩非子·定法》中也有相关描述："夫匠者，手巧也。"我国历史上也出现过许多技艺高超的工匠，如木匠鲁班、玉匠陆子冈等。

工匠精神的内涵主要体现在职业精神、职业道德、组织文化、价值取向四个层面。

在职业精神层面，工匠精神是个人在工作中对职业的态度和精神理念，是一种尊师重道、爱岗敬业、精益求精、求实创新、止于至善的工作态度和敬业精神，涵盖职业敬畏、工作执着、崇尚精品、追求极致等内容。

在职业道德层面，工匠精神主要包含着爱岗敬业、履行职责、无私奉献、踏实工作等道德规范，是工人作为工程共同体成员的职业伦理的重要内容，是职业道德的最高境界。

工匠精神也是组织文化的体现，它以个体的知识、技能、能力、个性特征等为依托，历经多断面、多层面的学习程序，发展成为以组织共识、管理标准、核心能力等为构成要素的组织文化图式。工匠精神是该体系的核心主旨，集中反映工匠心理特质、价值观念及思想本质。

在价值取向层面，工匠精神是对人生止于至善的价值取向的表现，包含职业敬畏、专注、追求精益求精、崇尚极致和完美等内容，是为把事情做好的目的性和欲望。具有工匠精神的人能够在可感知的现实中找到归宿，并为自己的工作而骄傲。工作对于具有工匠精神的人而言，已经远远超过了谋生的需求，而是人生价值的实现和追求。

二、工匠精神的表现

新时代的中国工匠精神，既是对中国传统工匠精神的继承和发扬，又是对外国工匠精神的学习借鉴；既是为适应我国现代化强国建设需要而产生，又是劳动精神在新时代的一种新的实现形式，它与劳动精神、劳模精神构成一个完整的体系，成为激励广大劳动者实现中华民族伟大复兴中国梦的强大精神力量。工匠精神主要表现在以下方面。

（一）品质追求：精益求精，追求完美

在品质上精益求精、追求完美的工匠精神体现为在生产过程中的精益求精、追求细节完美，对消费者品质需求的满足，以及对产品品质的不断优化和性能的不断改进。

简言之，品质追求作为个体工匠对所在行业及工作领域内产品和服务质量的极致追求，体现了工匠及工匠精神的终极目标。

（二）履职信念：业精于勤，尽职尽责

履职一词常见于公职和高管方面的研究，表示主动勤勉地履行岗位职责，强调要"有所为"；信念具有个性化的特征和强烈的主观情感，可以视为规范的内化和行为的动力。履职信念，即个体对待工作的态度以及愿意为之付出努力的意愿。组织层面的工匠精神还包括高度负责的职业态度。

业精于勤是工匠精神的基本写照，尽职尽责是每一位工匠对自我最基本的要求。例如，德胜洋楼的创始人聂圣哲在创业初期就确定和贯彻了"不走捷径"的基本价值观，培养员工"我要干"的乐干精神。以新生代技术工人为代表的工匠，其工匠精神的核心是对工作的专注，主要表现在履行职责、无私奉献、踏实工作等方面。

（三）职业承诺：自我认可，实现价值

职业承诺即个体对职业身份高度认同、对职业充满热爱，长期坚守在职业领域，并在职业领域内追求职业成功并以此实现人生价值等。

对自我身份的认可是工匠精神形成的首要条件，即要对自身从事的行业充满热爱和敬畏；工匠精神的本质是现代企业人的信仰及对信仰的坚守，是把平凡的事情都做到最好的信念。

（四）能力素养：知行合一，专注专业

专业能力是工匠精神行为表现的维度之一。个体的能力素养是工匠精神形成和发展的基础，是工匠精神所应包含的重要内容之一。工匠精神的能力素养可以理解为个体完成工作需要具备的能力和素养，强调"知"与"行"的统一。

长期以来，德国的工匠培育模式在全世界首屈一指，为了培养出更加专业的技能人才，德国非常重视理论和实践的结合，学生往往需要在学校学习两年理论知识，然后去企业或者门店进行为期两年的实习。这种理论与实践相结合的培养模式在很大程度上奠定了其工匠大国的地位。基于该模式培养出来的技能人才不仅技能水平一流，专业程度高，而且对企业非常忠诚。

（五）持续创新：终身学习，永不满足

创新是工匠精神在行为层面的表现。工匠精神的时代内涵需要更重视创新，创新精神是技能人才工匠具备的特征之一。持续创新就是从这个方面强调的个体通过学习、省察、创新等活动培养创新意识、提高创新能力的动态的自我提升过程，强调学习、省察、创新的意识和能力。

例如，黑灯工厂是指无须人工操作，车间内的机器可以自动运作，即使关灯也可正常运行的工厂。在2021年世界人工智能大会上，格力电器董事长董明珠表示，在数字化的驱动下，格力已经实现了黑灯工厂，过去一万人的工厂现在只需一千人。在AI的加持下，无人操作对精度、质量、效率带来了颠覆性变化。同样，华为的创新也带领企业从跟跑者成为领跑者。我国的大国工匠们也在持续学习和创新中创造着许多意想不到的奇迹。创新已经成为21世纪企业和个人的必备素质，成为工匠精神的核心内容之一。

（六）传承关怀：关注传统，关怀后人

传承关怀强调的是具有工匠精神的人对技能技艺、优良传统、从业理念延续的关注，还包括在传递过程中代际辅助的意愿和行为等。其在更高层次体现的是对所在行业、所从事职业或所在组织未来发展前景的高度关注，以及为此付出的努力。

传承关怀体现了工匠在工匠精神传承中的积极作用，属于社会责任的范畴。这种社会责任体现在两个方面：一是在时间维度上对工匠精神能够延续下去所具有的责任及作为；二是在空间维度上对所在组织、所在行业和所从事职业的关怀，即让工匠精神在时间上得到延续，在空间上产生积极影响。

具有工匠精神的个体会主动担任"师傅"的角色，自主履行"传承人的义务"。传承精神是技能人才工匠具备的特征之一,"尊师重道"也是对传承的另一种阐释。例如,东来顺涮羊肉制作技艺的第四代传承人切肉大师被视为东来顺传统技艺的灵魂和核心,他很早就意识到技艺传承的重要性,主动承担起传承技艺和培养接班人的重担,并定期为合适的"继承人"举办"投刀收徒"仪式,展示了非遗传承人对传统技艺和文化的传承关怀。

三、大学生工匠精神培养路径

(一)将工匠精神纳入高校人才培养方案

要使工匠精神在大学生心中生根发芽,成为他们在学习和生活中的一种动力,就必须在大学的人才培养计划中、在特定的培养目标中、在课程设置中、在教学活动中对工匠精神的教学内容进行设计。高校的专业人才培养方案是高校培养人才的一个重要环节,其包括培养定位、培养目标、课程体系和课程设置等。从宏观的角度来看,工匠精神对高校的人才培养目标提出了更高的要求,也就是高校要培养出勤于学习、勇于创新、追求卓越、诚实守信、学识渊博、技能娴熟的,具有工匠精神的德才兼备的人才。要把工匠精神融入人才培养的目标建设,融入学校的办学理念、教育理念以及教学氛围和学习氛围。在微观层面,要把工匠精神融入课程体系的安排、具体课程的设置、教学内容的组织和教学方法的改革。只有把工匠精神融入各个专业的人才培养方案,并让所有人都严格遵守,才能把工匠精神这个理念落实到人才培养方案中;也只有这样,才能为教师们提供指导,把培养工匠精神的思想根植于教师的心中,并付诸具体的教学实践;也才能给学生们提供一个明确的方向,让工匠精神落实到学生自身的生活和一言一行中,使学生不断地磨砺自己,塑造出新的自我。

通过工匠精神相关课程的学习、考核、实践锻炼等,达到启蒙职业理念、树立职业操守、培养职业精神的新目标,顺利实现向社会人身份的转换。当前,许多高校都将劳动教育作为一门专门的课程,并对相关学分进行了明确的规定。

(二)优化课程体系并增加工匠精神课程的比重

在当前的大学课程体系中,一些学校也许会设置与工匠精神有关的课程,比如大学生职业生涯规划、大学生创新创业教育等,但是很少有把工匠精神作为一门课程单独开设。大学课程是培养人才的主要阵地，而工匠精神又是怎样融入大学课程的，是融入思政课，还是融入专业课程；是独立开设，还是与其他学科相结合，这些都是值得讨论的问题。毫无疑问，工匠精神可以被纳入任何一门课程，但是它必须是恰到好处的，既不能过多，也不能过少，要注意统筹规划，合理安排。目前，应适当提高思想政治教育课时的比例，将工匠精神融入思想政治教育，加强对工匠精神的培养。工匠精神与思想教育在培养目的、内容上有许多重合之处，应将对工匠精神的培养纳入思想课程。

比如，可以将思想道德与法治课程中的"职业道德"章节，通过对"大国工匠"的故事来阐述；在"中国近现代史纲要"课程中，把工匠精神的历史演变过程等内容融入课程；将我国的经济发展离不开工匠精神，中国制造强国战略、中国梦的实现需要大力弘扬工匠精神等嵌入形势与政策课。这样就可以将工匠精神固化在课堂上，用分配教学任务的方式来确保学生的学习效果，让其能够深入学生的大脑和内心，从而强化对工匠精神的认识。

（三）搭建利于学生体会工匠精神的实践平台

在高校各专业的人才培养方案中存在着大量的集中实践设计，具体包括：专业认知实践、专业调研实践、专业技能实践、职业规划实践、创新创业实践、毕业实习、毕业论文等。工匠精神培养的中心环节是实践，大学生在各种社会实践中能深刻体会到"实践者"的精神。在教学中，应积极构建各种教学平台，如实验室、实训室、实训基地等，让学生在教学中得到充分的锻炼，以达到"知"与"行"的统一。除了建立一个良好的实践平台，还应对实践教学的方式和方法进行改革，以建立"学徒式"和"实践"相结合的"实践课堂"。比如，学校可以建立一些与自己的专业有关联的工作室、服务中心等，让学生们在现实的环境中去做、去体验、去服务，这样才能提升学生的动手能力。在自己动手解决实际问题的过程中，学生们会产生一种成就感、兴趣感和满足感，进而体会到工匠精神的实质。

第四章　大学生劳动教育实践探索

第一节　大学生劳动教育生活技能实践

一、卫生劳动

（一）宿舍卫生

宿舍是大学生学习、生活和休息的重要地方，宿舍的文明程度是大学生的一个重要标志，它与每个人的身心健康息息相关。

1. 文明宿舍建设要求

学生要把保持干净、文明的宿舍环境变成自己的自觉追求，外化为自己的行为。文明宿舍的建设要求有以下三点。

（1）文明宿舍总体应达到"三有""三齐""六净""五无"的目标

"三有"：有室长、有值日安排、有宿舍公约。

"三齐"：室内物品摆放齐、床褥衣服叠放齐、个人物品存放齐。

"六净"：地面净、玻璃净、桌椅净、墙壁净、被品净、洗漱用品净。

"五无"：无违禁电器、无宠物、无垃圾、无异味、无杂物。

（2）要坚持"六个一"、坚持"六个不"，保持宿舍的整洁卫生

"六个一"：叠一叠被子、扫一扫地面、擦一擦台面、整一整柜子、理一理书架、倒一倒垃圾。

"六个不"：不出入异性宿舍、不留客、不滞留危险品、不使用违章电子产品、不破坏公共设施、不乱丢果皮纸屑。

（3）其他要求

不能在宿舍饲养宠物，不在宿舍吸烟，不在门口乱扔垃圾，不乱用公用吹

风机。

2.特色宿舍建设标准

个性化宿舍倡导的是一种文化，一种互相影响、互相照应、和谐共进的良好氛围，可以极大地提升大学生的文化修养和综合素质。在创建个性化宿舍时，应围绕"三比"（比理想、比学习、比奉献）和以"四互"（互帮、互助、互管、互爱）为主要方式，按照"五要求"（安全、干净、整洁、文明、团结），结合宿舍大多数人的特点、爱好、价值观等，形成独特的文化。假如宿舍大部分人都爱读书，那就可以考虑建立一个学习型宿舍；假如宿舍大部分人都喜爱体育活动，那就可以考虑建立一个体育型宿舍；假如宿舍大部分人对环保感兴趣，那么就可以考虑建立一个环保型宿舍。与之相似的有，创业型宿舍、自强型宿舍、友爱型宿舍、音乐型宿舍等。

创建个性化宿舍可以参照下面四个方面的标准。

一，各宿舍成员积极参加个性化宿舍的创建，对宿舍的特点进行讨论和决定。

二，以清洁、整齐为原则，根据不同的主题进行宿舍设计。呈现出来的效果与特点相一致，简洁大方、美观大方、独具匠心、别具一格、令人耳目一新。

三，宿舍布局中包含体现个性、传达宿舍文化的小型设计。

四，制订符合宿舍文化的"学生行为习惯培养计划""宿舍团建活动计划"等。

3.宿舍美化设计

（1）美化原则

一，简洁大方。宿舍通常都不大，不需要用太多的东西来点缀，否则就会显得杂乱无章。

二，温馨舒适。宿舍是一个放松和休息的场所，在美化的时候要考虑营造一种温馨的氛围，使房间里弥漫着一种温暖、舒适的气息。

三，要凸显文化氛围。宿舍作为学习的地方，在美化的时候应从色彩、风格等方面考虑到这一点，为学生创造一个安静、适合学习的环境。

（2）美化技巧

一，衣柜整理。宿舍里的衣柜很多是直筒式的，几乎没有隔断，在放置衣物时往往会浪费很多空间。使用隔板能够将衣柜划分成合适大小的区域，充分规整收纳空间。此外，还可以购买一些多层收纳挂筐，这样就能够将各种物品分类收纳，使所有物品一目了然。如果宿舍的衣柜里没有挂衣杆，可以用"伸缩棒"代替。

二，桌面美化。回到宿舍看到杂乱的桌面，会对情绪有很大的影响。怎样才能拓展桌面的收纳空间呢？

网格板收纳：网格板是一个轻便、实用的储存工具，并且很便宜。把网格板放在桌子旁的墙壁上，既可以收纳一些小东西，又可以起到不错的装饰作用。

桌下挂篮：桌子下面的挂篮可以创建一个隐藏的存储空间，可以放很多东西。

三，装饰床周。床头挂篮和床头挂袋都是宿舍里很有用的储物和装饰工具，可以放水杯、纸巾，也可以放一些书籍，这样就不用再上爬下回取东西了，还能保持床铺的整齐。

（二）校园卫生

1. 校园环境

校园环境是由物质环境和精神环境共同组成的。

（1）物质环境

校园的物质环境主要是指学校内部经过人们组织和改造形成的校容校貌，以及学校的学习环境。这一天然的物理环境也是一种文化，可以反映出"桃李不言"的特质，可以让学生在不知不觉中受到环境的影响、暗示和感染。

清洁、整齐的校园物质环境可以更好地反映出校园各个方面的特点与精神，使"无声胜有声"的教育效果更加明显。

（2）精神环境

校园精神环境是校园的灵魂，体现了学校教师与学生共同拥有的价值观与人格，也是一种潜在的育人力量，可以通过教师和学生的精神面貌、校风、学风、校园精神、校园形象等体现。

从个体层面上讲，高校师生精神环境又可以被看作是心理环境。一个好的心理环境能让人心情愉悦，起到激励人上进、开拓创新的效果。

2. 维持学校的环境秩序

为了营造一个文明、整洁、卫生的校园环境，创建平安、和谐的校园，可以制定下列校园文明行为守则。

穿着整齐、得体、端庄。

举止优雅、言语文明。

爱护校园内的花木，注意节水。

乘电梯要按次序排队、上下有序、互相礼让。

自觉遵守校园环境卫生条例，不随地吐痰、不乱丢垃圾。

文明使用厕所，保持厕所的干净整洁，并注意维护厕所的设备。

在教室里遵守教室的秩序，等候上课的时候不在走廊里吵闹。

爱护课堂设施，善用教学器材，维护课堂清洁、整齐。

车辆停放在指定位置，并有秩序地停放。

禁止在教室、办公室、走廊、楼梯、厕所等公共场所抽烟。

二、垃圾分类

垃圾是都市发展的副产品，一座城市一年要产生数亿吨的废弃物。如今，"垃圾围城"已是世界各大城市共同面临的一大问题，中国的快速发展也面临着"垃圾围城"的痛苦。如果没有垃圾分类，垃圾围城的问题就无法得到解决。

（一）垃圾分类的意义

实施垃圾分类不仅关乎人们的生存条件，更能反映出一个社会的文明程度。垃圾分类成了一种新潮流。全民参与垃圾分类的意义如下。

1. 减轻环境污染

目前，我国城市生活垃圾的处置方式主要有填埋和焚化两种。即便是选择距离居民区较远的地方，采取了适当的阻隔措施，垃圾的填埋也很难完全避免有害物质的渗入，并伴随着地球的物质循环进入整个生态系统，对水、土造成污染，再经由动植物对人体造成危害。此外，垃圾燃烧过程中会排放大量的有害气体和粉尘，对人类的身体有害。

事实上，相当一部分的生活垃圾并不一定要用填埋或焚化来处理。把垃圾分类做好，可以减少填埋、燃烧，减轻对环境的污染。

2. 节约土地资源

填埋、堆放是一种既占用土地资源又不能实现再利用的垃圾处理方式。另外，城市废弃物中存在一些难降解的材料，会对土地造成严重的侵蚀。

据统计，垃圾分类可以使人均生活垃圾产生量减少三分之二，从而节省大量土地资源。

3. 促进资源循环利用

垃圾的产生是由于人们对资源使用不当，把自己不使用的资源当作废物来处理，这样的浪费方式给整个生态环境造成了难以估量的损失。在处置垃圾前，先对其进行分类，再进行循环利用，这样才能化废为宝，例如，可循环利用纸，既能保护森林，又能减少对森林资源的浪费；再如，废弃的水果皮、蔬菜等可以用作有机肥，使土壤变得更肥沃。

另外，垃圾分类还可以提高生活垃圾的质量，实现焚烧（填埋）的无害化。就拿垃圾焚烧来说，分类可以帮助其更好地发挥作用，可以减少垃圾处理量、减少污染排放、改善燃烧条件、提升发电效率。

4. 增强学生的价值观念

垃圾分类是治理垃圾公害的最好办法，也是最好的途径。垃圾分类可以让学生学会节约资源、合理使用资源，形成健康的生活方式，提升个人素养。当一个人养成了垃圾分类的好习惯后，他就会关心环保问题，在日常生活中重视资源，并形成一种节约的习惯。

（二）垃圾分类标准

2019年11月15日，新版《生活垃圾分类标志》标准发布，同年12月1日起正式实施。与2008版标准相比，新标准将生活垃圾类别调整为可回收物、有害垃圾、厨余垃圾和其他垃圾四大类。

（三）垃圾分类操作

1. 垃圾分类原则

开展垃圾分类，重点是要把握好分类的原理：可回收垃圾要记准其材质，如玻璃、金属、塑料、纸等；生活中的有害垃圾较少，以废电池、废灯泡、废药品、废涂料和盛放它们的容器为主；厨余垃圾要看其是否容易腐烂、容易破碎；剩下的就是其他垃圾了。如果有无法正确判定的垃圾，也可以将其归入其他垃圾之中。

2. 垃圾投放要点

（1）可回收垃圾

投放要求：要尽可能地保持干净、干爽，防止被污染；对立体包装的物品要倒空，清洗干净、压扁后再投放；对容易破碎或有锋利棱角的物品，在投放前要进行包装。

（2）有害垃圾

投放要求：投放时要注意小心摆放；对易碎品和废药打包后投放；灌装压力容器在投放前必须将其所含物品清空；在公众场合，如果没有相应的垃圾桶，应当将有害垃圾运到有害垃圾投放点进行适当的处理。

（3）厨余垃圾

投放要求：厨余垃圾要与其他生活垃圾分离；投放前尽可能将水分排干，有外包装的要去掉外包装再投放；在公众场合，如果没有找到相应的垃圾箱，应当将其送到厨余垃圾投放点进行适当的处理。

（4）其他垃圾

投放要求：投入其他垃圾收集容器，并保持周边环境整洁。

三、手工制作

2015年，《国务院办公厅关于全面加强和改进学校美育工作的意见》首次对美育进行了明确的规定，特别强调了美育是一种审美教育，同时也是一种情操和心灵的教育，既可以提高大学生的审美素质，又可以对人的情感、趣味、气质、心胸产生一种潜移默化的影响，激励人的精神，温润人的心灵。新时代的大学生不仅要有健康的个性，更要有较高的心灵修养和艺术美感，才能满足现代社会的要求。所以，高校要以各种形式进行美育课程和美术文化活动，这是一项非常有意义的工作。

手工艺是人们为满足人们的生活需求和审美需求而产生的，是当今高校开展劳动教育和美育的一种重要方式。近几年来，在高校里，手工艺的重要性与日俱增。其中，手工制作类课程、创意 DIY 手工活动是大学生学习和参与手工制作的主要方式。

（一）高校手工制作类课程

手工制作是新时代高校劳动教育的一项重点专业技能课。学生需要掌握手工的基础知识，并能运用简易的工具进行操作，能创作出较复杂但又具有较高艺术美感的工艺品。手工制作是近年来我国高等学校教学改革和发展中出现的一门新课程。在学生德、智、体、美、劳的全面发展中，手工制作起着举足轻重的作用。高校的手工艺课程主要有扎染、蜡染、刺绣、布艺拼贴、彩绘等。以下是两种在高校课堂上经常会用到的手工艺。

1. 扎染工艺

手工扎染是一门手工工艺课程，注重布料和颜色的完美融合，受到广大大学生的欢迎。扎染是用绳索之类的工具将布料绑得严严实实，然后将布料染成规则的或不规则的图案，这就形成了扎染。染料是扎染工艺中的必备用品。染料分为直接染料、酸性染料、分散染料、活性染料、有机染料等，其中直接染料是学生最常使用的染料，这样一来，学生在做扎染的时候就不需要太多复杂的工具。一般情况下，学生可以按照以下工序进行手工扎染。

（1）染液配制

要将不同的染料按照一定的配比制成染液。在调配过程中，向玻璃杯中加入适量的染色剂，然后加适量的热水，用木棒充分搅拌，以防止玻璃杯内有大块结晶析出；染液放置一段时间后会有沉淀或者出现分层，可以将染液放入锅中加热并搅拌。如果有多余的染料，可以用一个密封的玻璃罐子将其密封，存放在阴凉干燥的地方，用的时候再按照上面的方式恢复即可，这样就不会产生浪费。一般而言，染色的时候，学生只需在扎染的当天将染液配制好即可。

（2）布料加工

在染色之前，先将布料放入开水中泡煮，这样既可使布料在染色时吸附上色，又可除去布料上的浆块，使布料更容易上色。然后把布放入冷水中揉搓，之后就可以开始扎染了。此外，在扎染之前，也可以在布料的表面涂抹糖浆，使布料产生漫布效果，从而形成很多美丽的花纹图案。

2. 女红

女红是中国民间艺术之一，又叫"女工""女功""女事"等。女红包括纺织、编织、缝纫、刺绣、拼布、贴布绣、剪花、浆染等。刺绣是女红中的一项重要技能，也是当今高校学生在日常生活中经常会用到的一项小技能。在我们周围有很多普通的东西都可以用作刺绣物品，例如针和线，其是我们日常生活中经常使用的东西，可以给我们的生活带来不同的乐趣。例如，在服装上绣一些图案，或者是手工绣一些饰品，这些都能很好地减轻大学生的心理压力，提高他们的审美素质。另外，缝缀更是日常生活中比较实用的一种手艺，成品也很漂亮。例如，在织物上缝制线条，或在布料上适当抽出一点丝线，就能表现出性感的蕾丝效果。此外，适当运用丝带、散珠、纽扣等也能获得不同的审美效果。

一些大学的手工制作课程还在使用传统和陈旧的教学模式，教学内容比较简单，缺乏对传统文化资源的融入。还有就是手工课的教学设施还不够完备，学生对自己的手工学习没有信心和兴趣。为此，高校也在不断地探索和改革，以适应时代发展的需求。例如，可以尝试将互联网上的资源与翻转课堂的手工课相结合，努力对民族传统工艺的资源进行发掘，同时利用电脑技术等手段对其进行创新。

（二）大学生创意 DIY 手工

DIY 是 "Do It Yourself" 的缩写，也就是自己动手做。DIY 是现代大学生的一项重要活动，不仅可以锻炼学生的动手能力，还可以检验其理论知识，缓解其学习生活中的压力。现在，很多大学生的闲暇时间都被网络和游戏所占据，每个人的思维都被快速的信息和碎片化的信息所淹没。而 DIY 是一种重视独立思考的活动方式，强调的是思想与行为的和谐，既能丰富大学生的课余生活，又能培养学生的创新精神，彰显学生个性。我们经常遇到的 DIY 陶艺、DIY 装饰品、DIY 校园纪念品等。因此，各种各样的校园 DIY 手工坊也随之出现。

大学生可通过 DIY 手工坊、社团 DIY 活动、校园 DIY 大赛等途径积极参与 DIY 手工制作。在大学校园内开展 DIY 活动，可以与各种主题的思想教育活动有机结合起来形成一个新的平台，以宣传学校的主流文化、提高大学生的综合素质。

第二节 大学生劳动教育社会服务实践

一、政务助理

政务助理通常包含勤工助学和政务实习。勤工助学是指大学生利用业余时间到校园兼职工作；政务实习是指在寒暑假期间，学生利用假期到校外的政府部门参加实习。政务助理工作可以拓展学生的职业视野、提升学生的劳动技能，为学生日后的生涯规划打下良好的基础。

（一）勤工助学

1. 勤工助学的含义

勤工助学通常是指大学生在学校的组织下，在业余时间从事一项劳动，并通过劳动获得合法的报酬，以提高学习、生活水平的一种实践活动。在我国高等教育体系的改革与全面实施素质教育的背景下，勤工助学逐渐成为大学生社会实践活动的一个重要组成部分。

2. 勤工助学的价值与意义

在新时代，勤工助学能够创造出新的价值。这样做能使学生从工作中获得更多的益处。对于勤工助学来说，勤工是手段，助学是目的，这才是勤工助学的核心价值。

勤工助学是一种"有薪劳动"，专为大学生而设。首先，勤工助学是大学生利用业余时间进行劳动教育的一种方式。不论何种兼职，都是一种"工作"，参与者只能靠自己的努力来完成，有了自己的努力，就有了回报。其次，勤工助学是对大学生进行财富启蒙的一种方式。在校打工所得的工资可直接补助家用、减轻家庭经济负担，同时还能加深学生对"劳动创造财富""知识创造财富"等观念的理解，意识到自己的血汗钱是多么的来之不易，从而培养出一种勤俭节约的好习惯。

在此基础上，通过开展勤工助学活动对大学生进行劳动教育，以促进大学生树立正确的劳动观、人生观、价值观，养成自力更生、自强自立、艰苦奋斗的良好品德。

（二）政务实习

1. 政务实习的含义

大学生政务实习通常由各级政府及其他有关部门共同组织，由市直单位、县市区直单位等单位提供实习岗位，由学校团委、学工部、研工部等部门遴选具有较高综合素质的学生志愿者，赴各级党政机关和事业单位开展以政务参访、岗位体验、学习交流等为主要方式的社会服务活动。通常在寒假或暑假进行，持续一至两个月。

2. 政务实习的价值与意义

高校组织大学生进行政务实习，使他们在为国家经济建设、人民生活的生动实践中接受教育，增长才干，做出贡献；让学生在实习过程中，能够对自己的国家和所处社会的情况有一个更深刻的认识，形成正确的就业观，为自己的就业工作积累足够的经验。

高校还将开展各种实践活动，建立起多层次、全方位、立体化的人才培养体系，让大学生充分体验党政机关良好的工作氛围和精神风貌，让他们在实习的过程中增强理想信念，提高政治素养，锤炼过硬的本领，养成良好的作风，力争成为德智体美劳全面发展的社会主义建设者和接班人，争做担当民族复兴大任的时代新人。

二、专业劳动

怎样把劳动教育渗透到专业教育的全过程，使其在培养德智体美劳全面发展的社会主义建设者和接班人方面起到更大的作用，是国家和高校必须深入考虑的问题。《国家中长期教育改革和发展规划纲要（2010-2020年）》明确提出，要加强知行合一，把教育教学与生产劳动、社会实践有机结合起来，开展实践性课程，加强学生科学实验、生产实践训练，提高学生的实践能力。《中国教育现代化2035》提出，要发扬劳动精神，引导学生尊重劳动、崇尚劳动，加强学生的动手能力、合作能力和创新能力。

（一）对专业劳动的认识

专业劳动是指以工作岗位为中心，进行与职业有关的工作实践。专业劳动是一种把教育和生产劳动结合起来的实践教学方式，是让学生在生产实践中运用理论知识，从而获取实践经验的一种主要方式，可以培养学生观察和发现问题的能力，并把所学的知识运用到解决问题中去。学生通过参与各类专业劳动，掌握不同学科的知识，在实践中发现问题、解决问题，验证所学的理论知识。通过专业劳动，学生还可以获得实践经验，增强自身的实践操作技能和专业综合素养，养成面向基层、面向农村、艰苦奋斗、求真务实的工作态度。

（二）加强劳动教育与专业教育的融合

1. 实现劳动教育与不同专业的融合

劳动教育与专业教育是一个有机的整体。高校应该加强对学生劳动理念、劳动立场、劳动态度、劳动精神等方面的培养，将劳动要素有意识地融入专业教育，通过传道、授业、体验、感悟，不断地让学生得到认可，力求让其在其专业领域中建立起自身的劳动价值体系。在此过程中，要注重在专业教育中进行劳动知识的普及，对劳动精神、劳模精神、工匠精神进行培育，让当代大学生成为劳动精神、劳模精神、工匠精神的自觉实践者。

高校应结合专业自身的发展特征，传授专业的劳动知识，培养学生的劳动技能，培养出一批有创造力、有动手能力的高素质的专业人才。在所有的专业设置中，自然科学方面的科研工作，如物理实验、化学实验、天文观察、地质勘探等，都有明显的劳动特征；机械、电子、土木、水利等工程学科的应用技术与工艺的研究是专业教育与劳动教育有机融合的生动体现；社会调查是社会科学中的一种劳动；在艺术领域，绘画、设计、音乐等都可以被看作一种创造性劳动。可以说，各专业所包含的劳动教育要素非常丰富，学校应从各个方面充分发掘各方面的专业知识，使劳动教育与各专业课程相结合。

2. 推进劳动教育与实习实训相融合

实习实训是高校实践教育的一项重要内容，由专业实验、专业实训和专业实习组成。专业实验是以实验为基础的专业课教学活动；专业实训是以相关部门为依托，以学校为单位进行的实践性教学活动；专业实习主要是在与其所学专业相关的部门从事实践工作。实习实训是大学生掌握劳动知识与技能的重要途径，也是高校进行劳动价值观念教育的重要场所，同时也是培养大学生劳动素质的训练场。

目前，各个高校都按照国家的要求对自身的实习实训课程进行了深入的研究，并与实习企业及工业部门联系，建立了一批符合高校人才培养需要的实验教学中心和实践训练平台，但实践与劳动教育的结合还需要进一步提高。为此，高校应加强实习实训中的劳动教育，将劳动教育和实习实训有机地结合起来，将劳动价值观和劳动态度的教育融入实习实训的教学，使劳动品质在学生心中扎根，使劳动变成一种习惯。

怎样才能更好地促进劳动教育和实习训练的结合？一是要进一步完善实习实训的教学体制。高校要为实习实训提供必要的物资支持，增强学校的实习实训教学资源，促进与校外的行业部门和企业的合作，建立起符合实际教学需求的实习实训平台。二是要强化实习实训教学的全过程管理，保证实习实训活动的顺利进行。学校要制定实习实训教学标准，完善实习实训教学管理体系，明确教学目的和任务，充分发挥教师的引导作用。三是健全实习实训教学评价机制，提高实习实训教学质量。学校可以把劳动教育的开展情况和成效纳入对教师的考核，把劳动态度和劳动行为纳入对学生的实习实训教学课程的考核和综合素质的评价，充分发挥教师和学生的积极性。四是要充分利用校企合作的优势，巩固高校劳动教育的成效。高校可以利用企业文化来育人，让学生在具有丰富文化底蕴、正确劳动理念和工作态度的企业或工业部门中进行实习实训；充分利用企业的教育功能，强化校外实习实训师资的培养，邀请具有专业知识、指导经验、责任心强的企业和工业部门的专家作为学生实习实训的指导教师。

第三节　大学生劳动教育志愿活动实践

一、社区服务

（一）社区服务的内涵及特征

社区服务是指以各种社区服务设施为基础，以社区全体居民和驻社区单位为服务对象，以公共服务、志愿服务、便民利民服务为主，以满足社区居民生活需要、提高居民生活品质为目的，形成党委统一领导、政府主导支持、多元社会参与的服务网络和运作机制。本书所提到的社区服务是一种以学生为主体的自我组织和自我管理的公共服务模式。

基于"中心＋开放"的工作思想，社区在保持原有的、可控的社区活动的同时，注入了更多开放性和包容性的元素，在融合与渗透中下功夫，建立"小而精、有特色、应用型"的社区服务模式，实现"整体规划、有机更新、模式迭代"，持续为公共空间创造价值，为建设一个美丽的社区而努力，从而达到"教育资源共享，教育共同体共筑，教育教学活动共联"的目的。

社区服务具有三方面的特点：

首先，社区服务不是完全自发的，而是一个科学、完整的系统，需要有一定的规范、指导，有相一定政策、组织的参与。

其次，与经营型社区服务不同，社区服务不是一般意义上的服务产业。但是，公益性就一定要排除商业性吗？考虑到社区服务形态的多样性，有必要将社会公益与商业性两种属性相结合，揭示二者的功能形态差异，进而实现不同维度的社区治理效能。

最后，社区服务以"伸臂助人"为切入点，依据"赋权增能""优势视角"等理论开展社区营造，在此基础上构建由下而上的差序格局关系网，并由此建立稳定的自治组织。

（二）社区服务的意义

1. 宏观层面

从宏观上讲，一个国家的治理体系与能力现代化应着眼于全局，着眼于细节，着眼于"致广大"，着眼于"尽精微"。大学生积极响应并身体力行地投身于社区服务，从全覆盖到全方位、全天候服务，构筑起一座坚固的社区防控堡垒，使社区服务的互助之光和协作之光点亮人民群众心中朴素而又深沉的劳动价值观。

2. 中观层面

从中观层面来看，为适应当前瞬息万变时代的外在需求，以及满足学生"全人"教育的内在需求，要让年轻学子在脚踏实地的劳动中认识新时代、融入新时代、投身新时代，勇于实践，积极探索。高校充分发挥人才培养质量工程的优势，与社区服务中心开展联合培养，建立学科实践基地，贯彻向改革要品质优势与特色的战略，以项目为导向，把理论与实践相结合，以各专业的特点为小杠杆，撬动社区管理大格局，为大学生的成长成才提供制度化、个性化、常态化的实践支撑与引导，培育出"知能兼备"的高素质应用型创新人才。这也有助于构建社区公共空间，促进社区管理服务的创新。

3. 微观层面

从微观层面来看，社区是居民生活的最基层单位。高校以社区营造为切入点，在人才培养和教育教学等各个环节中注入新的理念。社区服务与现实、生活、学生紧密地联系在一起，把重点放在创造合作精神和文化氛围上，把社区服务意识集中起来，培育公众精神，加强学生对社会的归属感，凸显学生的主观能动性，激发主体的内在动力，推动学校的和谐与安定，实质上就是通过创造外部的社区服务文化环境，让学生获得一种有归属感的深层内在劳动体验，从而让他们的整体素质得到提升。

（三）社区服务的建设原则

1. 组织框架清晰化

为确保社区服务机构管理人员分工明确，需要制定《学生社区服务自我管理委员会成立工作实施细则》和《学生社区自管会各岗位简介和工作职责》等规范文件，以A岗、B岗两种模式开展工作，确保各项工作的顺利开展，同时也有利于培养更多的优秀人才。

要使以上模块化和标准化的指导思想落到实处，还需要加强组织结构的建设。通过构建"社区建造者"（辅导员、思政课教师等）"五位一体"的"五人成长体系"，构建社区服务文化矩阵的人力支撑体系，推动社区服务育人工作的全方位落地，实现在社区建设师逐渐隐身的情况下，社区文化活动仍然能够得以持续发展的目标，确保社区服务建设的可持续发展。

2. 内容挖掘精细化

着眼于大学生在生产劳动、志愿服务、社会实践等领域的发展需要，重点关注大学生内在动力和外在驱动力这两个成长驱动力，利用线上线下双渠道，以社区服务为落脚点，打通思想政治教育"最后一公里"。

利用敏锐的观察与转换能力，细分领域，精准聚焦，深入发掘每个环节、每个领域中所包含的育人要素及其所承担的育人职能，在社区服务中做到"四个营造",即：构建社区复合型志愿服务综合体、营造全覆盖的社区育人氛围、营造社区浸润式文化"会客厅"、营造社区抱团式的社区认同。

3.思政教育可视化

（1）以专题形式开展活动

社区活动的主题需要清晰，找准聚焦点，树立品牌意识，要注重品牌的视角、影响的广度、专业的深度，也就是社区服务要建立在专业的特点之上，具有自己的IP定位。

（2）成果可见

实行"投入＋产出""线上＋线下"双渠道，以"强输出"推动"强输入"，将"劳动实践"成果纳入"第二课堂成绩单"体系，让社区育人的发展轨迹变得清晰、细化指标、量化结果，最后输出"个体劳动教育成绩单"。

（3）追踪服务过程

在首批学生体验了社区服务项目之后，要对活动的各个环节进行有针对性的优化，以此来建立用户粘性，使学生的大局意识和服务意识得到持续提高，同时也让社区服务活动的影响力得到进一步扩展。

（4）及时汇报成果

在每个阶段的活动结束之后，都要形成一份"用户体验调查表"，然后对其数据进行分析，对效果进行评价，并及时汇报评价结果和整理归档。

4.打造社区服务共同体

在构建大学生社区服务计划时，应使学生成为参与者、实践者和受益者。通过对学生社区服务活动的创新，激励并提倡学生在理想与现实之间用自身的实际行动去做一些小的努力，持续与周围的同学、学院和学校建立起一定的关系，从而建立起文化认同、情感链接、服务共享、劳动共筑的"社区服务共同体"。

（四）社区服务活动项目内容

高校要继续深挖厚植，对服务育人的要素进行细致地发掘，开发出一批有意义和有价值的社区品牌服务，创办社区节，建设"服务＋文化"的社区之家。

1. 艺起青春

定期举行社区文艺表演小剧场，为学生提供一个展现才华的平台，同时还可以将附近的居民联系起来，让他们一起参与文艺表演，搭建一个共享、共创的社区大舞台。

2. 心灵港湾

举办"7 天共读"学习圈活动。社区的学生义工们推出"7 天共读"活动，通过一本好书、一帮书友产生一种强烈的想要改变的愿望，这就足够让社区文化共读空间变成一块守护心灵港湾的安静书桌，让理智、平和、静心、启智浸润心灵，实现一对多、多层次、可持续的思政教育。

3. 社区微志愿

通过在社区内开展"微志愿""微环保"等小而美好的活动，对社会志愿服务的表现形式进行创新，形成一种新的互助共享新风尚。

4. 勤劳改造家

学生社区组织开展"宿舍照片墙"活动，营造"读书"的氛围；社区可以启动"美好行动""快闪"千人大扫除活动；可以在跳蚤市场设立"亲子摊位"，让孩子们一起分享自己的闲置物品。

5. 专业特色活动

例如，对于高校的法学院来说，可以通过生动的个案、单口相声等形式，开设"流动的法律微课堂"、线下法律门诊等多种形式的活动；为营造浓厚的文化氛围，艺术设计院校可以设计一条社区文化长廊；环境学院可以提倡垃圾分类；建筑学院专注于旧城区的改造；外国语学院可以开展英语角活动；师范生可以通过"朋辈小课堂"学习辅导、亲子关系构建等方式，将自己的专业转化成能力，从而更好地吸引更多的青年群体加入社区活动，让社区民众的精神文化生活更加充实，缓解社区的矛盾，激发社区的内在活力。

6. 社区学苑

社区可以准确地与文化需求相匹配，定期组织"专业化＋大众化"的滚动式学术沙龙、文化讲座、健康知识普及等活动，增强并提高学生的知识迁移能力。

二、公益宣传

公益宣传是高校工作的一个重要组成部分，是以实践育人为导向、实现"知行思"有机结合的一条有效输出途径。《国家中长期教育改革和发展规划纲要（2010-2020年）》明确提出，要引导大学生积极投身于社会公益活动。《中长期青年发展规划（2016-2025）》指出，要加强青少年的社会责任感，鼓励青少年参与社会公益事业，促进青少年的全面发展。

（一）大学生公益宣传的发展

回顾大学公益宣传的发展历史可以看出，高校对公益宣传的研究相对滞后，而在汶川大地震之后，高校才逐渐走上了社会公益宣传的道路，将公益宣传与劳动教育、社会实践紧密地联系在一起，与工学一体的工作机制相结合，与高校思想政治教育的职能方向相连接等。公益宣传与不同领域、背景、旨趣从浅层一直到深入交融，产生了"非政治公共领域"多元要素交融、演化与衍生的新趋势，这是社会传播的理论逻辑、中国发展转型时期的现实逻辑、经济社会发展形态演变的历史逻辑、宣传纪录片的媒介逻辑等多重因素共同作用的结果。

（二）大学生公益宣传的基本向度

1. 理论建构

赋权增能理论：赋权增能是一种双向互动的概念，指的是我们在帮助他人的时候，自身的力量也在增强，这是一个良性的循环。也就是说，公益宣传的最好平衡就是宣传者和受众都在不断地成长。公益宣传既可以最大限度地发挥个体的主观能动性，又可以在多主体共同参与的情景下实现公益传播价值的最大化。

优势视角理论：公益宣传活动是一个有机的整体，与"人"的要素密切相关，具有自身的生态发展轨迹和脉络。公益宣传活动要起到"剪枝修苗"的作用，以自我约束与他律相结合的方式建立起一种密切的公益宣传氛围，激发出学生的潜能并使之逐渐成为公益活动的动力，以此来提高学生对自己和公益宣传的认同，并产生对美好生活的憧憬。

2. 价值认同

价值是客体对于主体表现出来的积极意义，属于关系的范畴。因此，必须把公益宣传放在主客体的双向互动之中，才能对理论引导下的实践价值趋向有一个科学的认识。基于对社区治理的研究发现，中国是一个"能人社会"，要通过"能人"网络的动员和激励作用，在社会上形成一种积极的示范作用。在这样的大环境下，高校可以通过教育的方式来激发更多的有特色的公益行为，实现项目活动的外在概括和展示，起到宣传和推广的辐射作用，从而形成"能人效应"，让更多的学生加入公益志愿者行列，进而形成正向的价值观传播。

3. 行动规则

公益宣传以行动为导向，所包含的规则如同一条线，将每个热衷于公益、倡导和创新的个人都连接起来，个人在规则的范围内持续地与资源和人脉进行互动，从而建立起一个稳定的社区公益文化共同体，并在此基础上持续地辐射和影响更多的学生，让他们以最积极的态度、最有力的行动来滋润自己的灵魂。

（三）加强劳动教育背景下公益宣传的主要任务

1. 坚定理想信念

在公益宣传中，我们能对国情有更深刻的认识，用扎实的劳动、公益助人的氛围，把热爱劳动、热爱生活的理念传达给广大的年轻学子，让他们对公益宣传的热情持续高涨，将爱国情、强国志、报国心融入脚踏实地的奋斗之中，为中国梦汇聚强大的精神力量。

2. 强化主流意识形态

公益宣传是高校宣传工作的一部分，担负着宣传马克思主义、培育和弘扬社会主义核心价值观的重任，是加强高校意识形态工作的基础，也是增强高校意识形态工作话语权的关键。高校要通过对舆论的引导、阵地和队伍的管理，持续加大对大学生的正面宣传力度，使他们树立起正确的国家观、民族观、历史观和文化观，学会运用马克思主义的立场、观点和方法审视问题，提高辨别是非的能力。

3. 推动文化的传承创新

构建符合时代要求的具有当代特点的公益文化，对公益精神进行培养与发扬，开发兼具理论高度与实践温度的公益宣传文创产品，以"进教材、进课堂、进头脑"为主线，运用多种媒体推介和宣讲活动，将高校打造成为公益文化宣传的示范区和辐射源，持续增强高校的文化软实力。

4. 以学生的全面发展为基础

大学生要做到"五育"并重，不仅要在学校里学习专业的知识，还要把自己所学到的知识运用到生动的社会公益活动中去。没有坚实的专业根基，公益宣传就没有可持续发展的动力；相反，如果没有公益宣传诉求的实际输出，那么就不能实现理论学习的内化。对于公益宣传，大学生不仅要有态度，更要有热情。

（四）劳动教育与公益宣传相结合的发展路径

1. 健全劳动实践组织

高校要将劳动教育与公益宣传相结合，需要对外部供给进行优化，提高供给能力，同时，还需要从单一、固化、局部等基本要素向知识、技术、数据、管理服务水平等更高层次的要素发展。高校可以设立以专家为主、专兼结合的劳动实践组织，邀请专家学者、全国劳模、大国工匠等担任校外专家，形成一支政治坚定、学养深厚、影响较大的劳动实践育人导师团。同时，还可以通过一定的激励机制、评估机制、评审机制等来保证团队组织的相对稳定性。通过借鉴国外的工作经验，建立真实的公益宣传情景等，保证"线下"有内容、"线上"有魂、人员"全覆盖"，全面深入学生发展，使每个学生牢固树立劳动最光荣的理念，树立起"自己的事情自己做，别人的事帮着做，公益的事情争着做"的意识，学会劳动技能、养成劳动习惯、热爱劳动人民，在公益宣传的劳动中体会幸福、感悟人生、磨炼意志。

2. 创新劳动发展模式

（1）建立以劳动为导向的优势发展模式

当代大学生处于多变、不确定、复杂和模糊的时代，他们是新科技的忠实粉丝。因此，我们必须抓住科技的红利，借助科技的力量，激发大学生内在的基因，善于抓住机会，建立起一种全新的公益宣传生态。具体来说，就是要关注参与者的个体需要，让他们有更多的自我实现的可能，把传统宣传工作的优势和互联网等新兴载体结合起来，突破传统的宣传工作模式，在内容、形式、载体、方法等方面与时俱进，并且因地制宜，充分利用周围的环境和资源，帮助完成公益宣传的目标，促进宣传者与接收者的共同发展与成长。

（2）建立以关系为纽带的带动发展模式

通过对大学生公益宣传行为动因的研究和剖析，发现公益宣传是在特定公益活动认知、内在需要、理性归因和外在呈现等多种因素作用下所做出的一种策略性选择，其背后必然有较为完备的生态环境。例如，公益宣传小组可以成立一个以支部为中心的临时党支部，以广大学生为主要成员，在形式上通过创新求发展，在共建共享中促进和谐；以目标受众的多元化为切入点，建立"公益+"的网上推广e平台；以关注人的内心需求为出发点，实施"三转变"，也就是公益宣传的参与者群体从"加法"变为"乘法"、发展模式从"发散"转为"聚合"、运作模式从"封闭"转为"共享"，以多元化、新颖的表现形式加强高校学生的公益观念与价值取向。

（3）建立以成果为导向的撬动发展模式

在社交碎片化、新闻视频化、信息精细化、个性定制化的外部环境发展下，劳动教育与公益宣传的结合点需要以结果为"定"向，落实各项措施，实现"做准对象化分析、做精分众化研究、做细对策性建议"。"定"的意思是，公益宣传的结果可以是有形的，也可以是无形的，但它是确定的、是客观的、是具体的，不是为人的意志所左右的。利用文献检索、实际调研、数据分析等方法设计出适合劳动教育与公益宣传特征的成果评估方法，对执行效果进行多维度的评估，通过综合的定性分析来修正和完善量化的决策，从而达到对公益宣传价值的撬动作用。

3. 构建劳动实践路径

（1）观念育人的路径

观念育人是建构劳动实践路径的根本与前提。把握好社会主义核心价值体系，我们才能在正误、主次、真假、善恶之间作出正确的价值判断与价值抉择。在公益宣传活动中，要坚持育人方向，突出价值导向；要充分整合各个领域、各个层面、各个环节的教育资源与力量，培养社会公益意识，实施"全人"教育，促进知识的传授、能力的培养与理想信念、价值观念、道德理念的结合，构建系统化观念育人的长效机制。

（2）服务育人的路径

在公益宣传活动中，要持续加强服务育人的供给力量，加强对公益文化的理解力和宣传力，加强被服务对象的移情作用，为他们提供有针对性的服务。只有在社区中扎根，进行深度挖掘，在体验中学习，才能为深度服务的实现提供有力的物质保证。只有通过深入的接触和实践操作，才能获得一手材料，从而拉近双方之间的心理距离，在力所能及的情况下能够主动地满足对方合理的要求，从而为公益宣传活动的发展提供新鲜的素材。

（3）实践育人的路径

"格物致知"一词源自《礼记·大学》一书，其含义是把事物的规律和原理加以归纳，形成一种理性的认识。这一推理、探究的过程蕴涵着一种深刻的实践育人理念。公益宣传、公益服务和社会实践活动所蕴涵的精神内涵是一脉相承的，都是把理论教育与实践培养相结合的产物。通过对公益活动的资源进行整合、加强项目式管理、构建多样化的沟通平台、持续改进支撑体系，可以对学生进行教育和指导，让他们在参与公益宣传计划的过程中培养对国家和民族的感情。

第五章　重视劳动教育在高校人才培养中的重要性

第一节　高校人才培养内涵认知

一、人才及人才培养要求

（一）人才的内涵

人才是指那些具有良好的素质，能够在一定条件下不断地取得创造性劳动成果，并对人类社会的发展产生了较大影响的人。这一人才定义包括四个要点。

首先，人才应该具有良好的素质。我们培养人才主要是培养德、智、体、美、劳全面发展的人。良好的素质是判断一个人是否是人才的内在标准。

其次，对人才劳动性质判断的一个重要依据是，人才需要不断取得创造性的劳动成果。根据性质的不同，可以将劳动分为三种不同的种类，即模仿性劳动、重复性劳动和创造性劳动。其中模仿性劳动和重复性劳动的重要特征是具有继承性，劳动本身没有创造性，只是在前人所获得的劳动经验和技能上重复活动，没有突破性的提高。在人类社会的发展进程中，这两种劳动形式所起到的作用是极为有限的，同时其在提高劳动者内在素质上的作用也微乎其微。而创造性劳动则不同，其具有创新性和开拓性，是在继承前人劳动经验和技能的基础上进行创新。人们所进行的创造性活动会取得突破性的成就，并且会大幅度提高劳动者自身的内在素质。与常人相比，人才最为突出的特点就是人才可以通过自身的创造性劳动超越一般人。衡量一个人是否是人才的关键是看他是否具有良好的素质和是否取得了创造性劳动成果。

再次，人才需要通过一定的物质条件和精神条件才能进行创造性劳动，这部分外在条件缺失，即使其满身才华也不能施展。

最后，人才所进行的创造性劳动需要对社会的进步做出贡献。人们对待创造性劳动成果有不同的态度，有的会被搁置，这样就不会对社会的发展产生积极的影响，是对资源的浪费，不利于社会的发展，这也是对人才的埋没。如果所进行的创造性劳动成果对社会造成了危害，那么这种人就不是本书所讨论的人才。本书所讨论的人才是指那些能够推动社会主义现代化建设事业前进的高素质的有业绩的人。

人才还必须取得一定的社会成果，能够推动社会的进步。从这里就可以看出，对人才的评定必须要具备两个关键要素，一是要具备较高的素质，二是要取得能够推动社会发展的创造性成果，二者缺一不可。

创造性劳动成果具有层次性。例如，初级人才通过创造性劳动所获得的成果属于低层次，而科学家所获得的劳动成果则被归为高层次。在这里，二者都应该被称为人才，只是二者对社会所做出的贡献不同。从这里就可以看出，成为人才并不是很难的事情，只要通过自身的努力为社会做出创造性贡献，就都可以成为人才。

（二）人才培养的要求

人是社会的基本组成成分，是构建社会主义和谐社会的关键因素。一个国家培养的人才反映了国民的整体素质，是用于生产的重要资源。人才培养工作不仅要使每个人都享有平等受教育的机会，还要使培养出来的人才与社会主义建设的需求相适应。

在知识经济全球化和信息化的环境中，在社会发展的新要求下，人才培养面临着新的任务和挑战，仍然存在着许多有待解决的问题。在这种氛围下，我们要树立全面的人才观和质量观，面向所有公民进行素质教育，推动人的全面发展，培养适应社会发展的全面人才。人才培养的基本要求主要有以下四点。

1. 公民政治参与

要不断地探索和发展出政治参与的新途径和新形式，扩大政治参与的主体范围，遵守法制，实现公民政治参与的广泛性、合理性、有效性和程序性。在民主与法治社会，要遵照相关的法律法规有序参与政治，不能跨越现有的社会条件，要从实际出发，与公民的实际相符合。可以从以下两方面进行。

（1）有效的制度供给

这是公民参与政治的有效途径。其一，建立并健全各种政治制度使公民政治参与的实施规范化。政治制度是随着人类社会政治现象的出现而产生的。建立健全各种具体制度，如企业职工代表大会制度、重大事项社会公示制度、民主评议制度、新闻发布制度、人民陪审员制度、行政公示制度等，并将这些制度以法律的形式确定下来，使之规范化。其二，不断扩大公民参与政治的途径。公民参与政治管理的先决条件和法律基础是国家的制度保障。我们要不断巩固和完善我国的根本政治制度，推进我国政治制度建立的具体化和程序化。其三，更新公民参与政治的形式和方法。要做到与时俱进，不断关注最新动态，学习新的参与形式和参与方法。与此同时，也要主动学习，探索和发现创新的方式和方法。

（2）不断壮大的政治参与群体

在扩大政治参与主体的过程中，首先要进行政治教育，通过普及政治方面的知识，培养公民的政治参与意识，提升他们的参政能力；其次要不断提高公民的文化素养。没有较高的文化素养做支撑，公民就不能准确理解现有的政治理念，从而难以培养公民的政治意识；最后要增加实践的机会，让公民在政治参与的实践中提高自己的能力和水平，学习政治文化，积累丰富的政治经验。

2. 培养先进文化的建设者

先进文化是先进生产力的一部分，它对生产力和人类社会的发展都有积极作用。马克思主义本身就代表了先进的文化，反映了先进的生产力。在新时代，先进文化的提倡对人才培养提出了新的发展要求。

（1）体现人的发展追求

重新审视过去的文化建设，从实际情况出发，尊重人才培养的客观规律，关注人的最高追求，在建设社会主义和谐社会的过程中使文化的主旋律深入人心。

（2）创建人文环境

人才培养的客观实际对环境提出了相应的要求，如充满民族文化传统气息和时代气息、弥漫艺术魅力、具有极强的吸引力等。不同的地方都有着不同的文化特征和历史背景，每个人所学专业的知识、所处的环境也存在着差异。因此，亟须营造极具特色的文化氛围。在这样的环境中，既要加强理想信念教育，又要为社会主义的建设培养接班人。信息全球化对政治、经济和社会发展提出了新要求，也给人才培养带来了新的挑战。我国的教育事业要根据这个现实，以全面提高国民素质为目标，稳固前行。

3. 培养高素质的劳动者

目前，我国的经济正处于快速发展的阶段。人才培养的重要问题之一就是如何在社会经济环境下培养出高素质的劳动者。对于教育而言，和谐社会培养的对象是人才，高校教育工作就是为了教育和改变人，其最终目的是推动生产力的发展。和谐社会中人才培养的目的之一就是培养劳动者的思想观念、行为规范、道德情操等，最终的目的是将精神力量转化为物质财富。精神层面的生产力具有不可估量的价值，在同等条件下，劳动者的精神力量所发挥的作用是巨大的。对劳动者进行培养教育，充分挖掘其精神力量潜在的价值，能够从内部推动生产力的发展。教育对劳动者的作用是多层次的，各层次的作用既有区别又有联系，最终促进生产力的发展。

人才培养工作是建设物质文明不可或缺的重要环节，是推动生产力快速发展的精神动力。在构建社会主义和谐社会的进程中，要充分意识到人才培养的重要性，充分发挥人才培养在高校中的关键作用，切实做好人才培养的工作。

4. 培养生态的实践者

构建和谐社会，实施可持续发展战略，不能忽视生态文明建设。人类与自然间的和谐关系是一个永恒的话题，"天人合一"是中国思想发展史上的基本理念。人类认识能力及实践能力的变迁，使人与自然的关系经历了一定的历史阶段。工业文明的到来给人们带来了财富的同时，也带来了许多挑战和困难。如今的人们应该从全新的角度重新理解"天人合一"的理念，尊重大自然的发展规律，谋求人与自然的和谐共处。

自然环境能为人类的衣食住行提供基本的能源。然而，在经济快速发展的今天，人类的生产生活活动造成的环境破坏已经影响到社会的有序发展。气体污染、水污染、臭氧层破坏、资源锐减、森林砍伐、水土流失、土地荒漠化、物种减少等一系列问题促使人们不得不反思自己的行为。可持续发展理念的提出很快得到人们的认可，事实证明它是人类未来发展的最佳选择。

构建和谐社会生态文明的要求呼吁人们积极参与，并成为生态文明发展的维护者和实践者。作为和谐社会生态文明的支持者，我们不仅要关注社会、他人和自己，也要自觉关注大自然。因为关注大自然就是关注我们自己的生活环境，关注我们自己的家园。只有每个人从自身出发、从点滴做起，才能促进可持续发展目标的实现。在建设社会主义和谐社会的过程中，生态文明的实践者要关注时代的发展，适应社会的发展变化，把重心放在习惯的养成、创新务实、传承文明上，并注重将所学的理论知识与实际联系起来，以便更好地服务社会。

二、高校人才培养的概念

高等教育发展的核心就是提高教育质量。高校要积极应对科学技术进步、经济社会发展以及高校教育改革所带来的新问题和一系列挑战，增强改革的使命感和责任感，不断提高人才培养质量，不断深化人才培养的模式改革。

人才培养是高校的主要任务。人才培养涉及七方面的问题：人才培养目标理念的提出与确立、人才培养对象的确定、人才培养目标的确立、开发人才培养的主体、人才培养的途径和方法、优化人才培养过程、人才培养制度的确立。

由此可见，人才培养是一个整体工程，包括理念、对象、主体、目标、途径、制度与模式等要素。

《国家中长期教育改革和发展规划纲要（2010-2020年）》指出，牢固确立人才培养在高校工作中的中心地位，并且把教学作为教师考核的首要内容，把教授为低年级学生授课作为重要制度。这个规定反映出国家教育主管部门重视高校人才培养工作，但同时不禁引发人们对事实的思考，作为教师的"天职"——给大学生上课，不得不从国家教育主管部门的层面上作出规定。这证明在规定颁布之前，人才培养并没有达到此种重视程度，所以需要规定的加持。

高校的职能有三：科学研究、人才培养、直接为社会服务。其中"人才培养"是高校的基础职能，"科学研究"是高校的重要职能，"直接为社会服务"是高校的拓展职能，也是必要职能。但是现在全国高校却出现了轻教学重科研的情况，无论是重点高校还是地方高校，均忽视了人才培养，转而重视科学研究，并形成了一套完整的评价指标体系，教师参考这套标准为自己评先评优和职称评定做努力。这导致一些老师在教书育人方面做得很好，但却因科研成果不足而在待遇上跟其他教师产生了差距，从而造成较大的心理落差。所以当前许多教师会依据标准体系对"教"和"研"做出轻重缓急的区分，花费更多的精力进行科学研究，忽视教学的重要性。究其原因，在于当前高校的评价指标较为功利化，重科研、轻教学；教书育人本来是高校最根本的任务，但慢慢被边缘化了。这三大职能既相互区别又相互联系，其中人才培养是中心环节和基本职能。只有清楚地认识和把握人才培养的职能定位，才能有效提高高校人才培养水平。

人才培养并不是简单的教学。高校的人才培养不同于小初高的基础培养，而拥有一定的专业性。在我国社会主义制度下，高校的人才培养要求为国家培养社会主义的接班人，针对不同的领域做到行行出状元。人们之所以会出现人才培养就是教学的误区，是因为二者的归属范围极易被混淆，人才培养是高校的中心环节，教学是人才培养的中心工作。事实上，教学和教育的概念是有所区分的，教学是教育的一种培养方式，而教育的实质是培养人，将自然人培养成德智体美劳全面发展的社会人。一个合格的社会主义现代化专业人才不仅需要有过硬的基础知识，还要从人才培养角度出发综合考虑他的人格素质，例如是否具有职业素养、能否顺利与人沟通、是否具有合作意识和合作能力。显而易见，想要教育出"有知识、有文化、有能力"的人才，不能仅仅依赖教学，而是需要多方面共同发力。在教师课堂教学之外，同时开展校园文化建设、社会实践和社团活动等，全面提高学生的综合素质，不能让大学成为课堂培训的代名词，否则高校就会变成只提供学历文凭的交易场，空有其表而没有内涵。

三、高校人才培养的特点

高等学校的人才培养工作和工业生产存在相似的地方，但也有所区别，高校人才培养有自己的独特性。面对当前高校中存在的一系列问题，我们必须明确，培养人才是高校的一项重要任务，教学工作是中心任务，教学改革是教育改革的关键，而人才培养质量的提升是永恒的话题。各大高校应该树立正确的人才培养质量观念，任何活动都要以提高大学人才培养质量为中心，只有从这一方面出发，才能够准确把握工作的重心。

（一）确立一定的标准

鉴于高等教育工作的独特性，人才培养的标准是多元的。高等学校作为人才培养的摇篮，就如同产生智力人才的工厂，这一工厂产出产品的规格和质量体现了对高等学校人才培养特殊性的理解。当然，对教育行业的评估不能通过经济指标来衡量，不能通过毕业生数量的多少来体现，也不能通过培养名人的数量来体现，而必须由市场来选择，通过社会来判断，以整体素质的提高和社会的认同度为标尺。与多元化的标准相对应，新时代高校的人才观与质量观也必须呈现出多样化的特点。用单一的标准无法准确评估当前阶段高校的人才培养质量。现阶段，高校仍需要培养能够满足社会需要的人才，也就是具备创新能力与实践能力的高素质人才，有出色的思想家、画家、社会家、基础型研究人才，也应该有应用技术基础研究人才及专业人才。高素质人才的培养需要明确人才培养的要求以及多元化的人才培养标准。

（二）制定长远规划

规划是指对未来进行基本性、整体性和长期性的思索，制定未来采取行动的方案，是个人或者组织制定的较为长远和全面的发展计划。教育本身就承担着教书育人的职责，而高等学校要实现传授知识、创造知识以及服务社会的任务，这在短期内是不可能完成的，需要经过较长时间的努力，才能创造出培养人才的良好氛围。教育和其他产业一样，也要遵循产业发展的客观规律，但教育工作较为特殊，因为它并不能直接创造物质财富。教育行业具有投入大、见效慢、生产周期长等特征，生产的知识不能带来直接的经济效益，不能直接获取利益。

教育以脑力劳动为基础，以生产大量的智力劳动者为特点。高校学生进入社会以后，能够依靠自己的劳动创造出物质财富，促进整个社会物质财富和生产总量的增加，从而促进整个社会经济效益的提升。因而，教育对社会所做的最大贡献是培养高素质人才。准确把握这一特点，对于理解高校人才培养的思维有很大的帮助，也就是说不能以急功近利的逻辑来思考教育问题。人才培养是极其复杂的漫长工程，要用特有的思路来理解。

（三）具备危机意识

在竞争激烈的市场经济条件下，教育行业所面临的市场竞争是异常激烈的。教育领域属于不完全竞争市场，高等教育的竞争通常以质取胜，人才的质量最终决定了竞争的胜负。"居安思危，未雨绸缪"就是一种典型的危机意识。危机意识是一味清醒剂，能令人时刻保持清醒。

由于教育工作具有竞争性与垄断性，教育工作者就应该培养自己的危机意识，着力提高人才培养的质量。一些名校之所以有较强的竞争力，关键因素就在于其培养的人才质量高。

如今，高校的数量越来越多，办学规模也随之扩大，各个高校都会依据自身特点设置一些专业。除此之外，由于各大高校培养出来的人才并非是不可替代的，这就使高等学校之间存在着激烈的竞争，而占据优势地位的学校可能会丧失优势。因此，高校工作者要树立质量意识和竞争危机意识。

第二节　高校人才培养模式分析

一、高校人才培养模式的内涵及形式

（一）高校人才培养模式的内涵

对于教育行业来说，教育的最终结果是要培养出多方面的人才。在现阶段，培养具有较高创新与操作技能的专门人才是高等学府的首要任务。当前，我国逐步扩大了高等教育对象的范围，改革了高等教育体制，把高等教育的各种管理权交还给了学校。这一系列改革措施使地方高校成为培养全方位人才的主基地。所以，在当前以新知识为重点的教育背景下，高等院校应充分重视社会主体在培养人才方面的实际需求，把多个学科的相同内容结合起来，结合相关内容的具体实践问题，从多个方面培养学生的技能。在此基础上，通过对各阶段学生学习状态的评估，确保高校人才培养模式与国家教育规划的一致性。

（二）高校人才培养模式的主要形式

高校人才培养模式是在确定人才培养目标、实施培养行为和人才评价等一系列环节的指导下形成的一种人才培养模式。当前，我国社会各方面对人才培

养模式提出了不同的要求,这必然会对高校人才培养的实施产生重要的影响。

1. 通识教育人才培养模式

"通识教育"这一术语的释义应结合"自由教育"的含义而定。这一教育概念是以一位哲学家对教育思想内容的阐释为基础而产生的,其主要目的是强调教育的重点是培养学生的心理与道德方面的思想,而不仅仅是为学生今后的工作内容奠定基础。同时,它还强调了培养教育对象的情感与素质,学校不仅要重视学生所掌握的理论知识内容和操作技能,更要注重培养学生解决各种实际问题的能力。通识教育不仅涵盖了各个学科所需的理论知识,还注重跨学科的综合学习。

2. 专才教育人才培养模式

该概念中的专才主要是指垂直发展类人才,也就是教育对象接受了比较集中的教育方向和学习内容,使学习者到最后只能对某个方面或者某个学科的特定领域有比较系统的掌握。他们所掌握的知识范围与求职方向是有一定限制的,但是其所掌握知识的深度却比一般人要高。

专才教育与通识教育的模式并不一致,专才教育是以培养某一方面的特殊人才为准则,主要的教学方法是在校园内针对某一特定内容开设一系列性教育课程,使学生对某一方向进行系统的学习。

3. 通识教育和专才教育人才培养模式的整合

我国现阶段在各个领域的应用技术创新都是各领域科学技术相互借鉴和融合的结果。在我们的社会里,不同的产业之间的界限越来越模糊,这使不同的产业可以持续地进行合作来完成任务。在实际应用技术领域,科技手段的融合与借鉴对于高等院校培养人才的方式也具有一定的启发意义。目前,培养一个特定领域的特殊类人才已经不能满足社会发展的需求。为此,高等院校应以综合性、实践性为培养人才的方向要求,重视拓展教育对象所掌握的知识领域。此外,虽然教育者在某个领域掌握了比较深入的知识,能够有效地学习其他内容,但是却无法满足社会各个行业对生产的改进需求,也无法让教育者朝着更加全面的方向发展。对此,我们应该综合分析国内外各种教育发展模式,建立适合我国国情的科学人才培养模式。

4. 产学研结合的人才培养模式

产学研结合的意义在于，加强培养人才过程中各主体间的联系性，其核心理念是从各方面的具体实践应用出发。具体来说，主要表现为四方面：一是当前教育不能与社会发展状况相适应，因此高校在人才培养过程中既要考虑生产发展状况，也要考虑具体生活需要；二是教学内容要向实践技能倾斜；三是要让教育对象知道将来要接触的社会内容；四是在教育过程中也要考虑被教育者主观层面上的自我要求。

二、高校人才培养模式的多元化

（一）高校人才培养模式多元化是必然的

当前，我国部分地区经济发展状况与文化教育水平不相适应。与此同时，这些区域在产业内部结构、区域整体发展规划以及社会生产加工手段上也存在着巨大的差距。因此，基于我国各个地区影响教育状况的因素之间的差异，有必要构建不同类型、不同方向的人才培养模式。例如，不同地区生产制造方式的差异导致高等院校培养人才所需设备与其他院校有所不同；社会产业发展结构的差异影响高等院校内教育专业的构成；不同地区在经济发展战略上的差异导致不同地区受教育对象在职业选择上的差异。因此，不同地区的高等院校在培养人才模式方面必然存在差异。

全社会对各类国际化人才的需求推动着我国高等教育人才培养模式的确立。大学生是一个具有个性特征的群体，个体之间存在着一定的差异。如果高等教育不能充分认识学生的个体差异，采取"一刀切"的教育模式，不仅不利于学生的个性发展，也不利于高等教育质量的提高。因此，高等教育要坚持"以人为本"的教育理念，实行按需教学。

高等教育在现代社会发展中具有举足轻重的地位，是社会需求与个人需求之间的一种重要联系纽带。在社会发展的进程中，各行业、各岗位都有各自所需的人才，这些岗位所需人才的价值观与技术能力直接影响我国高等教育人才的培养。此外，个人的成长经验、社会期望值、才能与性格、经济地位、兴趣特长、学业成绩等都有很大的差异。只有实施多元化人才培养模式，才能使社会需求与个体需求相统一。

不同于其他层次的教育，高等教育最基本的特征之一是它的学术特性和专业特性，其目标就是要培养满足多个领域需求和发展的综合性人才。因此，高等教育人才培养模式必然会呈现多元化的特点。

作为传统教育模式的一个重要组成部分，高等教育不可避免地被归入"终身学习"的范畴，因此，普通高等教育需要重新定位，并引发体制重构。在垂直方向上，不同层次、不同形式的高等教育具有开放性、关联性、沟通性等特点；而横向上，处于同一级别的各学科既相互独立，又相互影响，因为人才培养模式的多样性能够使社会、学习者展现出的不同需求与各高校的办学特色进行有效的融合，进而使人才培养模式趋于多元化。

综上所述，高校人才培养模式的多元化既要受到教育外部规律的制约，又要顺应教育自身内在规律与人才成长规律。

（二）高校多元化人才培养模式的表现形式

伴随着现代科技的飞速发展，劳动分工日益细化，新的社会职业如雨后春笋般涌现出来。这就要求高校要根据社会的发展与变化进行调整与改变，培养出适应社会发展需要的多元化人才，为此，高等教育对学校管理提出了多元化的指导思想。

1. 办学层次定位的多元化

根据我国高等院校自身课程专业设置及人才培养方向设置的差异，高等院校可被分为专业研究型教育类、企业职位教育类、知识教学类三种类型。地理位置不同、办学方向不同的院校，其教育任务也不尽相同。如小区域类院校中，偏向理科教育内容的院校通常为教学类与研究类院校的综合体。而区域内的职业培育类院校，则是为了满足社会对操作性人才的现实需求。所以，高等院校要根据自己的培养方向与专业设置对本院校的阶段性人才培养模式进行设计。

2. 学科布局定位的多元化

高等院校向教育对象讲解传授知识的内容离不开学校内设置的课程专业。同时，学校内部的专业设置与搭配也是要根据社会技术发展状况来确定的，一定要满足国家对教育成果和各个方向的专业人才的需求。从当前各类高校内部专业与学科结合的现状来看，总体趋势是综合学习各学科涉及的同样内容，重新划分相关专业所包含的具体内容。改变传统教学模式中各专业讲解知识重复、分散的局面,提高高等学院内各学科间的竞争能力,形成校园文化特色。

三、高等教育大众化对人才培养模式的现实审思

随着高等教育规模的不断扩大,高校招生人数也快速增加,这也使高等教育在质量、层次、结构与管理方面产生了新变化。高等教育资源的有限性与高等教育需求的无限性之间的冲突,使我国高等教育的人才培养模式呈现出多元化和复杂化的趋势。因此,有必要对高校扩招后的人才培养现状进行研究。

(一)高等教育大众化是历史的必然选择

1. 高等教育大众化是人类自身发展的本质要求

从各个历史阶段的社会状况和人类的生存状况来看,要使社会发展形态更完善,不仅要革新生产生活资料的各种工具和设备,还要提高人类自身各个方面的技能。因此,国家和社会各方面都对教育活动给予了极大的关注,他们希望通过系统而深入的教育活动来提高人类自身的技能水平,用人类制造创新水平的进步来促进物质资料的生产,从而推动整个社会朝着更加完善的方向发展。

目前,人们对物质及其他基本生活资料的需求不断提高,教育所能产生的经济价值越来越受到人们的重视。而在现阶段,人们对于各级教育的认识愈加深入,期望教育能够培养出更多的实践操作人才。特别是关于高等教育,人们认为能够从前人的研究成果中汲取一系列经验,并以此为基础深入探索自然,从而对人类的价值有一个正确的认识。此外,社会经济转型也影响了人力资源配置,使其逐步走向市场化,对高素质人才的需求越来越多,而群众对教育的需求也越来越高,追求高等教育已经成了一种普遍的群众愿望。因此,解决这种状况的最佳途径就是扩大高等教育规模,为社会发展打好基础,满足人们的教育需求。

2. 高等教育大众化是社会经济发展的客观要求

教育的实施与发展依赖于一定的社会经济基础,因此,社会上每一次重大的变革与进步都会对教育提出新的要求,而这也推动了教育的发展,促进了教育的变革。

社会生产力的提高使国民生产总值上升,从而使社会各阶层的消费水平提

高，并使其子女获得更高水平的教育。此外，随着工业化进程的加快，社会需要的技术性和管理性人才越来越多，结合当前社会青年群体价值观念的转变、权利与平等意识的增强，高校教育应以普通大众为对象。从这一意义上讲，高等教育大众化是社会经济发展的客观条件，也是我国高等教育大众化进程的必然要求。

3. 高校扩招是高等教育大众化的必然要求

随着我国高等教育规模的扩大，高等教育出现了新的变化，具体来说，主要表现为以下五点。

一，当前我国高等教育规模不断扩大，由精英化向大众化转变。但是，就目前而言，我国高等教育大众化水平还远远达不到现代化国家对高等教育的需求。

二，对高等教育各方面的改革起到了很大的推动作用，促进了高等教育各方面的改革，并促进了高等教育思想观念的转变。

三，高等教育的运行潜力提升。随着我国高等教育事业的迅速发展，大学生的数量越来越多，学校各种软硬件设施也得到了充分的利用。再加上高校扩招所产生的竞争效应，各层级的高校都建立了自己的实习基地，极大地提高了学校的办学实力。

四，人们的基本素养得到了很大程度的提高。随着高等教育对越来越多的教育者敞开大门，我们国家接受较高层次教育的人数越来越多，从而使整个国家的文化素质得到了提升。此外，还促进了国家各项振兴与发展政策的执行进程。

五，我国高等教育的蓬勃发展有效地缓解了我国长期存在的高质量人才供需矛盾，推动了我国社会人员整体素质的提高与发展。

（二）高等教育大众化进程中的主要矛盾

高等教育大众化不仅表现为高等教育规模的扩大与比重的增加，更体现出与传统高等教育不同的理念与价值取向。这一转变也造成了高等教育大众化过程中出现的一些矛盾。

1. 扩张数量与保证质量的矛盾

高等教育大众化是指高校招生规模的扩大，即高校降低入学门槛，让更多的青年走进大学，接受高等教育。这种大规模的、粗放的办学模式不仅影响高等教育的质量，还影响着传统的"精英化"和"精致化"的教育理念。

中国高等教育的大众化进程主要表现在：降低大学入学门槛，拓宽大学招生渠道，使大学由"精英"教育向"国民文化素质"教育转变。在这一进程中，一些以培养精英人才为主的高等学府逐渐成为高等教育大众化的主力，缩小了其与普通高校的距离，形成了中国特色高校大众化的局面，也造成了高等教育大众化进程中的不平衡性。

2. 高校扩招与经济承受能力之间的矛盾

随着我国高等教育大众化进程的推进，不同程度地出现了高等教育规模扩张与经济支持能力之间的矛盾。这一矛盾也体现在广大人民群众对高等教育的需求与其经济实力之间存在着一定的距离。即使是最发达的国家，普通民众的经济承受能力也参差不齐，部分经济条件不佳者不愿接受高等教育，阻碍了高等教育大众化的推行。面对这种情况，发达国家纷纷设立低学费短期学院，并不断完善各类学生资助体系。如美国、日本等国大力推行助学贷款，西欧部分大学为学生提供咨询服务，并将教室租给学生使用，以筹措经费。

3. 教育公平性与地区发展不平衡的矛盾

我国各个区域的客观资源条件以及生产制造水平的发展状况都会对教育政策的推进产生很大的影响。在实际扩大高等教育覆盖面的过程中，不同地区的教育发展状况差异很大，这是教育决策者必须认清的一个事实。

在新的形势下，大学必须在人才培养目标、课程设置、教学方法、教学体制等方面做出相应的调整与改革，更新教育理念，跟上时代步伐，为社会培养出合格的人才，解决高等教育的大发展与社会相适应的问题，这是高等教育实现量与质的双重飞跃。

第三节　劳动教育在高校人才培养中的现实意义

把劳动教育纳入高校人才培养方案，可以使全面发展教育的作用更加完善，提高新时代大学生的综合素质，培养学生良好的心理素质，增强学生的健康体魄，使学生热爱劳动，积极劳动。大学生劳动教育是把间接经验和直接经验相结合,把理论知识与劳动能力相结合,建立起劳动教育课程体系,创造出显性课程与隐性课程的协同育人模式。把大学生劳动教育理论性和实践性结合起来,能够促使大学生在实践中不断提高对事物的认识、理解和创造能力。

一、劳动教育有利于塑造品质

《关于全面加强新时代大中小学劳动教育的意见》提出,要构建德智体美劳全面培养的教育体系,并将劳动素质纳入学生综合素质评价体系。在全面推进素质教育的过程中,让大学生在实践活动中学会和掌握基本的劳动技能和专业知识,对提高大学生的综合素质有很大的帮助。

"五育并举"是高校劳动教育的重要组成部分,是实现大学生自由、全面发展的重要途径。劳动教育在经济社会发展过程中具有了丰富的时代内涵。"五育并举"的劳动教育要求把劳动转化为素质和能力,这是新时代对教育的要求。高校应在更高层次上系统地实施劳动教育,强化劳动教育的价值与功能。这就要求我们对大学生劳动教育有一个正确的认识。目前,中国正处在中华民族伟大复兴的关键时期,在高校中,我们要全面加强劳动教育,为培养德智体美劳的社会主义建设者和接班人提供更多的资源和条件保证。

在高校开展劳动教育,有利于"三劳"精神的进一步发扬。其中"工匠精神"指的是工人本着"精益求精"的思想,秉承"专注、创新、细致、严谨"的精神,按照标准的流程,一丝不苟地完成每一件产品。工匠精神是衡量劳动者素质的重要指标,培育工匠精神,有助于提高劳动者的职业素养、职业能力,提高劳动效率,体现劳动者在生产活动中对职业道德和社会准则的遵守。劳模精神、劳动精神、工匠精神是激励全国各族人民风雨无阻、奋勇向前的强大精神力量。

大学生劳动教育应通过实践对大学生的艰苦奋斗、吃苦耐劳的意志品质进行培养,培养他们吃苦耐劳、团结合作的精神品质,增强他们对劳动的理解,培养他们尊重劳动、崇尚劳动的正确价值观。要使大学生树立正确的劳动观,做一个有进取心、有责任心、有创新精神的劳动者。大学生劳动教育应从小事做起,把劳动当作一种生活方式,同样也要作为自身的生存技能和生活态度。

高校应健全劳动教育评价体系,把劳动素养融入学生综合素质评价体系,引导学生形成良好的劳动习惯与行为习惯。我国现行的教育评估制度对学生的学习、工作绩效等方面的评价存在着"重结果轻过程"的问题。只有改变这一现状，才能真正落实劳动教育的要求。评价指标应具有相对稳定性和与时俱进的特点，不仅要体现劳动知识和技能，还要体现劳动制度和资金投入，更要体现劳动素养和劳动观念。事实上，只有不断完善评价体系，才能对大学生在劳动过程中所展现出的各项素质和能力作出合理的评价。如果只重结果而轻过程的话，会大大降低劳动教育的效果。此外，还需要健全学校、家庭和社会联动的工作机制，特别是要帮助大学生树立正确的劳动观念，养成良好的行为习惯，加强对大学生的劳动素质和技能的培养，并在物质和精神上给予持续的支持。在具体实施过程中，要根据大学生的特点，制订有针对性、可操作性强、激励效果好的评价方案，以及引导大学生养成良好行为习惯的措施与方法，使劳动教育真正落到实处。

高校应将劳动教育贯穿于人才培养的全过程和各学科的各个环节，这对于培养大学生核心素养，促进学生的全面发展具有重要意义。因此，加强大学生的劳动教育对培养大学生正确的劳动观、增强他们的实践能力、提高他们的综合素质起着十分重要的作用。新时代加强大学生劳动教育还需要从国家、家庭和社会等各个层面共同努力，为每个大学生的良好素质塑造打下坚实的基础。

二、劳动教育有利于强化价值

劳动是人类最伟大的创造和社会发展的根本动力，大学生劳动教育应以德智体美劳为基础，把大学生培养成会劳动、会生活、会创造的人。"劳动是财富之父""劳动使人伟大，劳动使人变得美丽"等观点与论述，深刻地揭示了劳动教育的本质特征与发展方向。

中国共产党对马克思主义劳动观和社会主义核心价值观教育非常重视，强调劳动教育要全覆盖、经常性地进行，提倡诚实守信的劳动，引导大学生树立正确的劳动观。在全国各高校中广泛开展劳动课和劳动实践活动，对于培养大学生积极向上的生活态度、吃苦耐劳的精神品质，促进他们健康地成长、成才，都具有十分重要的意义。

大学生劳动教育应将劳动教育的知识、内容和方法渗透到各个学科之中，使学生在生活中体验、感悟劳动的价值。同时，充分利用校内、校外的各种资源，组织学生在校内和校外进行社会实践。劳动是人类社会特有的一种现象，人类社会的所有活动都可看作在一定的物质资料生产过程中持续开展价值交换、传递等一系列活动，并为其创造价值和实现价值，从而使劳动具有了特殊的价值。在大学生劳动教育实践中，要坚持社会主义办学方向，始终强调以劳树德、以劳增智、以劳强体、以劳育美，促进大学生成长为具有正确劳动观和良好劳动习惯的人，这是大学生劳动教育实践的终极目标。

人的道德修养与思想品质密切相关，而道德教育又必须通过劳动实践来实现。劳动本身是一种非常复杂的过程，在不同的时期有着不同的特征。在社会发展过程中，劳动的影响也是有限度的。劳动创造价值、创造精神财富，这是人们对劳动的根本评价。道德教育不能替代劳动实践，其只是为形成正确的劳动观而服务。在大学生劳动教育实践中，要注重劳德并重、知行合一等一系列原则，这可以帮助学生更好地理解和掌握品德评价和形成的过程、方法、内容等，还能帮助他们更好地理解道德要求和价值规范。"劳德双全"应该包含两个层次：一是由个人内心深处迸发出来的内在情感驱使或道德调控而形成的特定行为模式；二是以具体行动去实现自我价值，并完成道德内化和外化的双过程。高校要加强德育内容的教育与引导，使大学生树立正确的劳动价值观与劳动理念。

劳动不仅是一种社会财富创造活动，还是一种智力开发和创新意识培养的原动力。现代教育观念认为，脑力劳动是人类社会化进程中不可缺少的一部分，因此，要提高大学生的智力水平，就要从多方面加强学生思考问题、解决问题和创新能力的训练和培养。

高校教育始终强调要把学生的身体锻炼摆在突出的位置，并树立健康第一的教育思想。要重视学校劳动教育与体育锻炼的协调配合，加强劳动教育对大学生身心健康、强健体魄、坚强意志等方面的促进作用。通过教师的示范指导、同伴互助、家校协同，将劳动教育与体育锻炼结合起来，引导大学生参加体育锻炼与劳动，让他们在劳动中锻炼身体。

三、劳动教育有利于激发创造

劳动是满足个体需求的一种实现方式,在劳动过程中,人们会产生新的需求,并对生产力的发展提出持续的要求,会调整甚至变革生产关系,这些都客观地促进了社会的发展。劳动是人类的劳动,而人又是实现劳动的主体,二者不可分割,所以,社会的发展最终取决于劳动和劳动者。

"以劳促创"就是在高校开展劳动教育,对大学生进行创新劳动能力的培养。大学应为创新创业活动提供支持,注重对大学生的创新意识、创业精神和创新创业能力的培养,鼓励学生自主地选择课程内容和学习方法。这不仅是对劳动教育重要作用的高度概括,更是对其实施路径的准确定位。创新能力和实践能力是密切联系的,只有不断地提高大学生的实践能力,其才能获得不断的发展。而实践学习是培养创新劳动能力的一条重要途径。

劳动教育对大学生科学精神的培养起着不可替代的作用。加强大学生的社会责任感与创造力,有助于培养他们的实践能力,培养他们的独立生存能力与创新思维能力。劳动是财富之母,也是幸福之源。劳动创造了世界,劳动创造了未来。作为教育的一项重要内容,劳动是马克思主义劳动观和劳动价值观在教育中的重要体现,其对高校改革创新发展具有重要指导作用。

从本质上讲,科学精神是一种理性的思维模式、价值取向和社会理想。科学精神强调对客观事实与规律的尊重,实事求是、探索创新、追求真理是其基本特征。科学家们在长期的研究中形成了一种优良传统,其中最重要的一项就是尊重劳动,这也是当今科学精神的一个重要内容。在劳动教育的内涵上,劳动教育和科学精神的内涵非常接近,这充分表明,劳动教育和科学精神是紧密联系在一起的,二者相辅相成,科技创新离不开人的劳动创造。

大学生劳动教育以培养创新型人才为出发点和归宿。《关于全面加强新时代大中小学劳动教育的意见》强调,要把劳动教育作为立德树人的重要手段贯穿于教育全过程,真正做到知行合一,这一点在实践中能够得到充分体现。在大学里,劳动教育能让大学生掌握实用的生存技能以及从事生产建设所需的技术知识和技能,这样才能把他们培养成有一定实践经验和创造能力的人,能让他们自由地团结在一起,参与社会改造,积极创造一切美好的事物,还能让他们在生产劳动、服务劳动和创造性活动中培养自己的劳动者素质,从而促进自身的全面发展和社会的进步。

人是创造技术、创造财富的源泉。只有在实践中发现问题、推动工作,才能促进知识的学习和技能的掌握、思维能力的提高、综合素质的提高,才能使人的专业技术水平和职业素养持续提升,才能创造出更多的物质财富和精神财富。

第四节 高校大学生劳动教育人才培养路径探析

加强对大学生的劳动教育,可以使他们掌握必要的理论知识,能够提高他们的劳动能力和创造力。具体而言,大学生劳动教育人才培养可以从以下六个方面入手:

一,规范高校学生的劳动行为。《关于全面加强新时代大中小学劳动教育的意见》强调,要着力构建校内外联动的劳动教育实施机制,在学校开展劳动教育工作中发挥重要作用。高校应把重点放在拓展社会实践方面,鼓励学生利用寒暑假的时间开展社会实践活动;要充分发挥家庭在子女成长过程中的重要作用,培养学生珍惜劳动成果、热爱生命的优良品格。为此,高校要坚持培养学生正确的世界观、人生观、价值观、劳动观等,以此来规范学生自身及他人的行为准则。

二,规范高校学生的劳动时间。高校大学生的劳动时间要合理,不能过长,大学生可以适当地做些力所能及的体力劳动,让他们感受到劳动的乐趣,感受到劳动的光荣。教师可以在课堂上进行演示,然后让学生在课堂上动手操作,以此来实现教学目标。

三,加强课堂教学,培养学生的劳动习惯。劳动教育既是学校教育的重要内容,又是课堂教学的一项重要组成部分,而培养大学生养成良好的劳动习惯是劳动教育的一个重要教学目标。

四,提高大学生的劳动素养。劳动素养作为大学生综合素质的重要组成部分,对其职业生涯的发展具有重要意义。对大学生进行劳动素养的培养,有利于其适应社会,培养其必备的劳动技能和关键能力。在教育理念上,劳动不仅是素质教育不可或缺的一环,更是人类义不容辞的责任。它既是一个人成长过程中不可缺少的一部分,又是培养社会主义建设者和接班人的重要内容。

五,加强大学生劳动意识的培养,使其养成良好的劳动习惯。为此,高校应加强大学生劳动教育,对大学生进行正确的劳动价值观输出,使他们认识到劳动的重要性,为其今后步入社会打下坚实的基础。只有使大学生积极参与各种形式的劳动实践活动,才能使大学生树立正确的劳动观,培养大学生良好的劳动习惯,提高大学生的素质。大学生要立足于社会,必须具备良好的劳动素质,而良好的劳动习惯可以使大学生的生活更加美好。良好的劳动习惯与劳动素养不但对大学生个人的成长有重要影响,而且对加强他们的精神力量也具有重要的作用。

六,使大学生掌握一定的劳动知识与劳动技能。随着现代科技的飞速发展,各行各业都进入了数字化和智能化的发展阶段。如果大学生不能掌握现代科技知识,不能熟练运用现代技术,不能适应市场的需要,那么其必然会被时代淘汰,不能实现自身的理想和抱负。因此,大学生必须具备一定的劳动知识与技能,这对大学生顺利进入并融入社会具有重要意义。

当前,大学生劳动教育面临着诸多方面的挑战。深化对劳动教育价值内涵的理解,既要突出现代价值观念,又要突出以人为中心、全方面育人理念、劳动观等现代价值观念,更要着眼于中国特色社会主义建设事业的发展,构建新的发展格局,这是社会高质量发展的需要。

第六章　高校创新型人才培养模式探究

第一节　高校创新型人才培养概述

一、创新型人才的内涵及分类

（一）创新型人才的内涵

创新型人才是指具有较好的创新意识、创新精神、创新品质和创新能力，在创新活动中创造新的成果和新的价值的人。他们拥有扎实的基础知识、坚持不懈的探索精神、坚定的信念、较强的心理素质、扎实肯干的实践能力等。根据我国高校创新型人才培养的实际情况，我们要在教育理念、培养目标、培养方案、教学模式、师资队伍和管理制度等方面进行改革和创新。这样才能培养出想要创造、敢创造、能创造、懂得创造的高素质人才。广义上讲，创新型人才，主要是指具有创新思想和一定科研成果的人。

也可以说，创新型人才是指在一定的社会发展阶段，自己已经掌握了某方面的基础内容，并根据社会新发展形式的需求，对这些内容进行重新组合，从而实现对内容的创造性发挥。创新型人才是指那些在各个领域都有较高成就并能发掘出创新视野的人，他们的必备特征就是具有较强的创新能力。

人才素质的提升在丰富人才资源方面起着举足轻重的作用，其中创新素质的重要性尤为突出。只有在自己的研究领域里找到了新的方向，才有可能在自己所在的领域里做出超越别人的成就。

（二）创新型人才的分类

根据掌握方向和专业的不同，创新型人才可以分为两种，一种是科学型，另一种是技术型。

在科学领域中的创新是对理论知识内容的改造、组合过程，主要是指通过对科学领域中的一些知识内容的理解来形成新内容的过程。创新理论知识的内容，实际上就是探索新的方法、构建新的观念。

创新技术方面的内容，其实也是提高实际操作能力的一种方式。结合国外各种学者对"技术创新"的理解，它是一种新的产品或物质组成思路，并可以将其运用到实际的商业加工过程中。技术内容的创新应当包含从概念产生到具体实施的整个过程。

对于各种技能的操控技术较高的人才，相比于在其他方面比较精深的人才，更注重自身的实践操作能力，这是成为技能型人才的必要条件。在现阶段，技术应用型人才相对于传统社会形态中的技术人才而言，在继承了传统技术操作者的学习理念的同时，拥有了更深的知识背景，并且对其领域的操作技术进行了更为深入和透彻的研究。

二、创新型人才应具备的素质

从更直接的角度来看，具有创新能力的人才需要在特定的领域中具有创造性的思维和实际的行为。创新型人才应具备的素质可以从以下方面分析。

（一）大无畏的进取精神和开拓精神

任何创新和革新都需要开辟一条前无古人的路，攀登前人未曾攀登过的高峰。要想成为创新者，首先要有强烈的进取精神和开拓精神。如果不具备这种精神，中国共产党就不可能克服重重困难，创建了第一个农村革命根据地，探索出了中国新民主主义革命成功的道路；俄国科学家罗蒙诺索夫就不可能冒险用一只带着导线和电流表的风筝去调查天空中的闪电。这一切都说明了一点：勇于进取、勇于创新是创新者所需的必备条件。

（二）强烈的求知欲

创新者对知识的渴求是永无止境的。孩提时代，爱迪生就在自己的草棚里孵蛋，以探究鸡为什么能够孵化出小鸡，他希望借由孵蛋了解其中的道理。这种对知识的强烈渴望，正是这个聪明的发明家在孩提时代就有的。人的一生要有求知的欲望、创造的欲望是不难的，关键是要有永不满足的求知欲望，才能不断地去进行创造。就目前而言，虽然人类已掌握了浩瀚如海的知识，但还有很多未知领域有待探索。所以，尝试让未知的事物变得有意义，并且不断地创造新的事物，就被称为创新。

（三）较强的竞争意识和创新意愿

在一定程度上可以说，创新意味着获得竞争的主动权。过往，英国的第一次工业革命就是靠着创新才得以实现和完成的，之后其在工业发展方面遥遥领先。而缺乏竞争意识的人是很难进行创新的。而且，创新型人才是一类特殊的人才，创新的目的只有建立在创新意愿的基础上才能实现，否则想要实现创新是很难的。

（四）合理而多元的知识体系

人类要在某一领域实现创新，就必须在该领域进行大规模、系统的知识学习。人的生命周期是有限的，但是在各个领域内的具体知识却是人类全部发展历史中积累起来的，它的丰富性远远超过了人类的寿命。因此，要使创新思想得以实施，就必须建立一个科学、多元的知识学习体系。

（五）良好的德智体等基础素质

要使一般学生成为具有创新思维的人才，就必须加强他们在各个方面的基本能力。基本能力包括品德、智力发展状况、其他学习方法与习惯等。在当前社会条件下，很多创新型人才或做出较大贡献的人才在其他素质方面存在不足的情况，这就增加了我国培养创新型人才的难度。

（六）创造性和发散性的思维方式

创造性和发散性思维方式也属于创新能力的范畴，优秀的创新型人才思维模式应该具备下列特点。

1. 问题思维

要想成为一个有创新思维的人，首先要有质疑"固有之物"的理念。这就为自己提供了探索的可能，因为探索的角度决定了以后的探索方向和创新活动的最终实施。

2. 怀疑思维

创新型人才具有对事物、观念的怀疑思维，这是创新型人才具体实践行为的主要推动力。

3. 逻辑思维

如果学习者具备能够有逻辑地梳理有关事物与理论的能力，那么就能减少很多无用活动的实行。

4. 非逻辑思维

非逻辑思维的主要涵义是指除了理性思维环节以外的主观范畴的思维活动，例如人们的感觉状态等。其主要特征为，受人思维变化影响较大、思维无特定次序且具有突发性等。实际上，很多科学创新的成果产生于人的主观思想和理念。

5. 敏锐思维

创新型人才需要具备敏锐的思维，指的是特定领域的探索者需要在实际操作过程中对操作内容保持清晰的逻辑性思维，对具体的实验流程保持关注，并在具体操作过程中注意一些超出预期结果的细节变化。

（七）一定的技术或管理基础

创新者不但要有好点子和想法，而且要有技术或者管理方面的基础，这样才能把这些想法变成现实。举个例子，一个人必须有关于无人机或者机器人产业的好想法，并且还需要有技术或者管理上的支持，否则这个人的所有想法都会成为空谈，很难将想法变为现实。

（八）了解市场需求，具有知识产权意识

创新与创造并不完全等同，只有将知识成果转化为生产力，才能称为全面创新。因此，创新者需要具有较强知识产权保护意识，以及了解市场需求。

三、高校创新型人才培养目标

人才培养目标主要是指人才培养的标准与规格，从某种意义上来说，其决定着高校所培养的人才的性质与类型，也是高校人才观的具体体现。就组织管理而言，培养目标既是高校人才培养的起点，也是高校人才培养的归宿。因此，高校人才培养目标的设置将直接影响高校的教学质量。换言之，明确培养目标是保证人才培养质量的前提和基础。一般来说，人才培养目标具有以下四个特点：一是爱国情怀强烈，无论是对人、社会、环境，还是对国家都有着强烈的责任感；二是视野开阔，适应国际社会的能力强；三是具备一定的企业家精神和创新精神；四是具有良好的道德情操、拥有良好的职业道德。

从人才培养目标的特点来看，目标既要体现出学科专业的知识能力与基本素质，又要体现出高校自身的历史与传统定位。例如，美国斯坦福大学以培养具有文化素养和实用价值的公民为目标，英国牛津大学提出的"培养各行各业的领导者"的培养目标，以及世界其他著名大学的人才培养目标，都是根据社会的需求和自己的传统定位制定的。

要培养创新型人才，首先要确定培养目标。美国在创新型人才培养方面有着丰富的经验，他们不仅注重对人才培养目标的设定，还会根据社会发展的需要对创新型人才培养目标进行调整。例如，美国普林斯顿大学在12个人才培养目标中就包括了培养创新型人才所需的知识、能力和素质结构，具体包括：思路清晰，写作能力强，表达能力强；具有一定的批判性思维与推理能力；初步形成概念、解决问题能力；能独立思考；有较强的创新精神，能独立完成工作；具备一定的团队合作精神；具备一定的判断力；能辨别事物的本质，如重要与琐碎、长久与短暂等；理解不同的思考模式；在某个领域具有深厚的学识；具备一定的跨学科能力；有终身学习的意识。有了明确的人才培养目标，高等教育才能有的放矢，才能有条不紊地进行教学工作。这对于制定高校创新型人才培养目标有一定的参考价值。

四、创新型人才培养的重要意义及其做法

（一）建设创新型国家必须培养创新型人才

在社会生活中，人起着不可替代的作用，比如科学技术，它是人类创造活动的结果，一切科技创新活动都是从人开始的，所以人才的重要性不言而喻。我们国家要成为科技强国，必须建设一支具有较强实力、结构合理和质量较高的创新型人才队伍。既要充分调动科技人才的积极性，又要尊重其创造精神，并鼓励他们将创造精神最终运用到实践当中。

1. 从中国创新型人才发展的现状分析

要建设创新型国家，首先要提高自主创新能力，其次要培养创新型人才。当前，我国在人才培养上已取得一定成就，但仍缺乏具有创新能力的高质量人才，特别是能带领团队进行创新的人才。同时，我们国家在顶尖人才、大师人才和高端人才方面也较为缺乏。另外，我国科技人才总体基数很大，但高端科技人才严重不足，特别是世界一流的科技人才匮乏。

目前，大多数科技发明专利集中在发达国家，科学技术对我国经济增长的贡献率不高。在综合国力竞争日趋激烈的今天，自主创新能力已经成为关系一个国家经济发展和社会稳定的重要因素。

2. 从创新型国家建设的使命分析

现在，我国的科技水平与世界发达国家相比，仍存在一定的差距，特别是在关键技术和发明专利等方面，科技人才培养、科技研发、科技投入等都是目前迫切需要解决的问题。因此，建设创新型国家，加快科技创新步伐，关键在于培养人才，特别是创新型人才。如果一个国家缺乏创新型人才，建设创新型国家就无从谈起。

目前，我国已经具备了创建创新型国家的基本条件。第一，经过多年的不懈努力，我国已经积累了一定的实力，建立了较为完善的科技体系，为培养创新型人才奠定了基础。第二，我们拥有丰富的科技人才和大量的研发人才，这是我们进入创新型国家的有力保证。第三，我们现在的科技力量和以前不同了，比如航天、纳米、生物等先进科学技术，在世界范围内都排在前列。第四，作为一个有着悠久历史的国家，中国传统优秀文化中所蕴含的辩证思维和集体主义精神，为我们今后的创新提供了多元化的途径。

综上所述，加强人才培养已成为我国当前迫切需要解决的重大问题之一。具体来说，需要做到以下四方面：第一，加强基础教育建设，为培养具有创新能力的人才奠定基础；第二，把培养创新型人才作为国家人才培养的主要方向，着力培养一批德才兼备、技术一流，在国际上有一定竞争能力的科技创新型人才；第三，采取多种途径培养高层次科技创新型人才，包括国内培养和国际交流合作，加强梯队建设和队伍建设；第四，充分调动一切可以利用的资源，积极发挥人事、科技等部门和企业的协同作用，建设创新型人才基地，营造一个有利于培养创新型人才的教育环境。

（二）构建和谐社会需要培养创新型人才

如果一国或一地区的成员失去了创新的动力，或者整个社会失去了前进的动力，那么这个国家或地区的发展就会陷入长时间的停滞，社会就永远不可能有真正的和谐。要建设和谐社会，就必须充分调动每一个社会成员的积极性和创新力，增强社会的活力，使所有创造财富的要素流动起来，从而满足人们的物质和精神需要。但是，怎样才能让整个社会充满活力？要实现这一目标，就必须调动整个社会成员的创新力，充分尊重他们的创新成果。

1. 尊重所有有助于促进社会进步的创新意愿

从某种意义上来说，"创新意愿"是一种非常珍贵的想法，它蕴含着永恒的创新力。目前，我国提出要尊重一切有利于社会发展和进步的意愿，这也是一种对人的创新力的解放。从历史唯物主义的角度来看，人民群众既是创新的原动力，又是创新活动的主体；充分尊重人民群众的创新意愿和创新性实践，不断总结各种经验与智慧，是我国不断创新的源泉。因此，在新时代，我国应积极地推动人们破除旧观念，勇于创新。同时，也要积极了解人民群众的创新意愿，让他们的创新意愿得到尊重和满足，引导他们参与社会发展，实现自身的社会价值。

因此，在社会发展过程中，不要以工作的性质来衡量一个人的高低，无论是脑力劳动者还是体力劳动者，他们的工作都是光荣和值得尊敬的。我们要尊重人们的创新意愿，积极营造"百花齐放"的创作氛围，营造平等、宽松、活跃的氛围，在法律允许的情况下，鼓励大家发表自己的见解和观点。在一定程度上，一国社会创新力的调动程度是该国社会活力的一个重要体现。

2. 支持所有有益于社会进步的创新性活动

创新性活动是一种最有可能影响社会发展的劳动。创新是指在创新动机和创新意识的作用下，通过运用已有的信息，运用创新性的思维与方法，创造出新的、有社会价值的事物，例如新观点、新理论、新方法、新产品等。当今社会的竞争主要是科技之争，归根结底还是人才之争和创新之争。更多地支持那些能促进社会进步的创新性活动，才能最大限度地确保一个和谐社会的活力。

鉴于创新性活动为社会发展做出了特殊贡献，它应该得到特别的扶持。

首先，在政策层面上，要为创新活动制定专门的支持政策和激励措施。比如，对于风险大、不确定性大的创业活动，政府引导、社会力量参与设立的创业基金要给予一定的支持，鼓励人们积极探索。

其次，在制度安排上，建立并维护一个相对公平的竞争环境，保护每一个人的权利，让每个人都能在这种环境下发挥自己的智慧，积极开展理论、体制、科学技术等方面的创新活动，既保护人民的切身利益，又促进社会的进步和发展，同时也要建立一种保护创新、爱护创新的机制，这主要是为了鼓励人们开展创新活动，包容他们创新的失败。创新活动本身就是一种对未知领域的探索，在这一过程中不可避免地会遭遇各种各样、前所未见的困难，失败是不可避免的。创新者面对失败的态度，以及社会对创新活动所持的不同态度，都会对最终的创新效果产生不同的影响。在全社会营造一种鼓励、关心、保护创新活动的氛围，是创新者开展创新活动的重要保证，它能让创新者从失败中吸取教训，总结经验，最终完成创新活动。

3.使所有能够促进社会进步的创新性才能得以发挥

最能激发一个社会活力的，就是要充分发挥其创新性才能，促进社会的发展和进步。在一定程度上，创新力是一种非常有价值的生产力。创新才能的发挥和运用，强调的是"人尽其才，物尽其用"。创新者要把自己的创新力转化为生产力，以此获得一些创新性的结果，对社会的进步和发展作出应有的贡献。

如何最大限度地发挥人民的创新力，在宏观层面上要做到四个"尊重"：尊重劳动、尊重知识、尊重人才、尊重创新。在这四个"尊重"中，对人才的尊重尤为重要，因为人才是最有创新力的群体，对人才的充分尊重，才能让他们充分发挥自己的才华，增强社会的创新力。在社会发展进程中，必须树立人才的重要观念，树立"人才浪费是最大的资源浪费"的思想，扫除一切阻碍人才创新的制度。在当前的社会中，存在着许多影响人才创新能力发挥的因素，比如旧观念、旧体制等。在这种环境下，大部分人不敢去创新，这无形中限制了人们的创新力，也影响了社会的活力。在实际工作中，要大胆使用具有创新才能的人才，根据其创新性才能合理安排岗位，并在政治、生活和工作等各方面给予适当的照顾。

我们需要明白，这个世界上没有十全十美的人，越是有才华的人，他们的行为方式越可能让人觉得奇怪，让人无法理解。因此，社会应该对他们抱有一种宽容的态度，比如，当别人不理解的时候给他们一些帮助，或者在他们失败的时候给他们一些安慰。但同时我们也要明确，包容创新型人才不是纵容，要及时纠正他们在创新中出现的问题。总之，我们要给创新型人才相对安全的环境，将社会对他们的干扰降到最低，让他们全身心地投入创新与创造活动。

4.肯定所有对社会发展有益的创新成果

在一定程度上，创新成果是社会创新活动的结果，它对社会的进步和发展具有重大的作用和意义，因此，我们要充分肯定所有有利于社会进步的创新成果。在实践中，应建立健全科学的创新成果评估机制，以保证科学成果能够得到客观的评价。在分配机制方面，应充分体现创新成果的价值，把创新成果纳入生产要素参与分配；应尊重发明人的意愿，按照合同约定，允许以股权或期权的方式向发明人支付劳动报酬。要建立以政府奖励为主，用人单位与社会奖励为辅的激励机制，使其在经济与社会两个方面都得到充分发挥，充分体现创新的价值；对经济发展、社会进步作出重大贡献的发明创造，要给予奖励，形成创新光荣、创新伟大的示范效应。要完善对创新成果的保护机制，对创新主体的创新成果进行有效的保护。如果知识产权不清晰，就难以激发创新的热情，因此，任何侵犯创新者创新成果权利的行为都要受到严厉的惩罚。同时，要充分利用新闻媒体的力量，对创新成果进行宣传，对创新者的贡献进行宣传，同时也要对典型人物和事件进行宣传，在社会上营造一种崇尚创新、尊重创新、支持创新的社会氛围，使更多的人投入到创新与创造之中。

第二节 高校创新型人才培养机制

一、高校创新型人才培养的制度机制

国与国之间的竞争本质上就是人才之争，而人才之争则是双方体制之争。中国特色是我国创新型人才培养的最大特点，具体来说，党管人才是我国的制度优势，社会主义市场经济体制和社会主义先进文化等因素也影响着我国创新型人才的培养。因此，在创新型人才培养过程中，必须充分发挥现有的人才培养体制优势，才能在培养创新型人才方面取得令人满意的成绩。

（一）党管人才是我国创新型人才培养的制度优势

党管人才既是中国特色社会主义的鲜明特点，是培养创新型人才的制度优势,又是培养创新型人才的必由之路。在党管人才的制度环境下,我国创新型人才培养的目标和方向得到了进一步明确,这既为我国创新型人才培养提供了一条途径,又为我国创新型人才培养提供了相应的制度保证。

1. 党管人才为创新型人才培养指明方向

在当今国际竞争日益激烈的今天,创新型人才的培养与运用对国家和社会的发展起到了积极的推动作用。此外,培养和利用创新型人才对于完善我国的人才制度具有重要影响,还关系我国社会主义现代化建设的全局。在改革开放的进程中,党管人才制度日趋成熟,本质上,这是我国长期社会实践的结果,其为培养创新型人才提供了制度保证。党管人才的目的在于实现"多管",实现宏观与微观相结合的合理调控。党管人才的关键在于统筹社会各方面的力量,有计划、有步骤地实施创新型人才培养政策,为我国的社会主义事业作出应有的贡献。

具体来说,可以对创新型人才培养的使命有如下深刻的认识:第一,我国创新型人才的培养是要为国家和人民服务的,因此,他们应该时刻牢记自己的历史使命,忠于祖国,勇于奉献,并树立远大的人生理想,对自己从严要求,将自己的聪明才智发挥得淋漓尽致,充分发挥自己的生命价值。第二,创新型人才既要具备扎实的专业基础理论知识,又要能准确地把握未来科技发展的方向。第三,在党管人才制度的大背景下,创新型人才也应该具备高度的团队合作意识,能够调动所有能调动的资源,在科技创新领域中实现关键技术的突破和创新。第四,培养创新型人才既要有强烈的创新精神,又要坚持唯物论,追求客观事实和真理。此外,创新型人才还应该有勇于创新的精神,敢于突破传统观念的桎梏,勇于创新。第五,创新型人才既要善于运用辩证思维方式,又要有很强的科学思维能力,在进行科学创新的过程中,要学会制定科学目标,同时还要加强对理论基础知识的学习,以此来完善自己的知识结构,提高自己的科学素养。第六,创新型人才要把科学家精神与科学研究实践相结合,在长期的实践中形成一种特殊的精神特质,即把科学家精神融入创新型人才的培养过程中。

具体来说,需要做到以下六点:第一,心向祖国,无私奉献。在培养创新型人才的过程中,要培养学生"心怀祖国,服务人民"的爱国情怀,把自己学到的知识和技能运用到祖国的建设中去。第二，勇于进取，敢于创新。在培养创新型人才的过程中，一定要培养他们不畏艰险、勇于创新的精神，这样他们才能在未来的科技创新中抢占先机，为国家争光。第三，百炼成钢。在培养创新型人才时，要将实事求是的精神融入其中，不能有任何弄虚作假的成分，只有在社会主义事业的发展进程中，创新型人才才能获得实践的本质，为国家和社会作出贡献。第四，不求名利、踏实苦干。科学研究是一件时间漫长而又枯燥的事情，因此，创新型人才必须有耐心，能够承受压力，不能被一时的名利冲昏了头脑。目前，我们国家正在逐步完善对创新型人才的评价体系，鼓励他们努力工作，为国家的科研事业做出贡献。第五，集中所有人的智慧才能成功。创新型人才要有高度的团队合作精神，重视每个成员的实际贡献，集团队之力攻克科学难题。第六，甘做育人的"铺路石"。创新型人才也要有大公无私的精神、主动传播的能力，以先进模范的身份为祖国培养出一批又一批的优秀创新型人才。

2. 党管人才为创新型人才培养搭建服务平台

具体来说，党管人才的引导方式就是统一部署，然后以此为基础，建立党、政、企、事、个体五方合力的工作格局。在党管人才的大背景下，培养创新型人才进入了一个全新的时期，党的各项优势也融入了创新型人才的培养中，例如，政治思想优势、组织优势和密切联系群众优势，这样才能培养出具有中国特色的、适合我国社会发展的创新型人才。

在党管人才战略的大背景下，国家为创新型人才的培养提供了广阔的机遇与平台。我们应该看到，党管人才不是把人才局限在某个行业领域，而是要全方位地提高创新型人才的能力、拼搏精神、勇气等综合素质。党管人才为培养创新型人才创造了更广阔的发展空间，为我国创新型人才创造了更多的发挥空间和机遇，让他们能够把知识才能转变成创新成果。与此同时，党和人民对我国创新型人才的期望也使我国创新型人才在无形之中获得了不断创新和自我完善的动力。

在党管人才的大背景下，我国为创新型人才的培养营造了良好的互动交流平台。互动交流平台的建立可以吸引更多创新型人才投身于科技创新事业，促进创业载体的转型升级。当前科技园的建设属于一类比较稳定的创新型平台，其内在特征包括：信息互联、管理合理化、社区协作、专业化。此外，在科技园转型升级的过程中，还涌现出了一系列的创业孵化平台，例如，融资平台、服务型平台等，这为我国培养创新型人才提供了更多的平台。

首先，构建服务平台。政府发布了关于创新型人才培养的各项规章制度，以便创新型人才能更好地了解办事流程，特别是近几年全国各地设立的行政服务大厅，不仅大大简化了办事流程，还让创新型人才感受到了国家对创新型人才培养的重视。此外，国家还成立了创新型人才专业咨询机构，以解决不同阶段创新型人才培养过程中出现的各类问题。

其次，要建立和完善投融资平台。创新型人才创新型需要资金支持，特别是在创新活动的初始阶段。政府组织搭建各类投融资平台可以拓宽投融资渠道，扩大投融资群体，为创新活动引入更多的社会资本，为创新型人才的创新创造良好的投融资环境。特别是天使投资基金的设立为创新型人才的培养与成长提供了有力的保障。

最后，搭建产学研合作平台。构建产学研合作平台需要以信用机制为基础，加强创新型人才间的沟通与合作，促进创新型人才知识、技能等要素的转移和创新，提高成果转化率。

无论上述哪一个平台的建立和完善，都无形中营造了一个有利于培养我国创新型人才的环境，为创新型人才提供更大的发展空间，激发其创新动力。此外，党管人才也要以创新为动力，为我国创新型人才的培养和发展提供更广阔的舞台。具体来说，要充分发挥党的领导作用，让学校、企业和个人都参与到创新型人才培养中，加强对技术型创新人才的培养。同时，要通过多种手段完善制度，实现机制创新，同时还要不断地创新方式与方法。

3. 党管人才是培养创新型人才的坚强政治保障

在马克思的理论视野中，人的最高价值追求是人的全面发展，这也是培养创新型人才的终极目标。马克思主义学者在不同的历史时期都致力于人的发展问题。党管人才的初衷就是要实现人才解放。所谓人才解放，就是要扫除一切阻碍人才全面发展的障碍，创造有利于人才全面发展的政策环境，给他们一个发挥才华的舞台。同时，人才解放的表现，一是确保人才开发政治上的民主、二是保证人的独立人格、三是实现人才才能的显性化、四是实现人才经济的富裕。其中，最关键的是要实现人才个性发展，充分发挥其主体作用。

在党管人才的大背景下，培养创新型人才也要有相应的政治底线，不能有任何特权。在党管人才的大背景下，我国创新型人才培养的全过程都要受到政治监督和管理，特别要重视对创新型人才的思想政治品质的考察。具体来说，创新型人才要具备为国而战的素质，这就需要从多个方面对其进行约束，比如政治行为、政治言论和政治立场。此外，还要严格执行政治方向、政治纪律等方面的规定。只有这样，才能有效地引导创新型人才树立正确的理想信念，才能使其在岗位上发挥自己的作用。另外，在党管人才的大背景下，国家对创新型人才的生活、工作状况也非常重视。以建立"政治底线"为基础，加强组织与创新型人才的沟通、交流，使创新型人才感到国家关怀，使其始终保持思想与行动的一致性，激发其工作创造力。

（二）社会主义市场经济体制有利于培养高素质的创新型人才

社会主义市场经济体制经过多年的发展和完善，经过了时间的考验，并且还将继续领导我国经济的发展。当前，我国要继续深化社会主义市场经济体制，要向更高水平发展，从产权制度、公平竞争制度、市场配置和科技创新机制四个方面推进经济转型和升级。我国要想培养出高质量的创新型人才，就必须以现行的社会主义市场经济体制为基础。我国市场经济体制改革后，对科技创新体制机制的部署为培养高质量的创新型人才提供了有力的保障。

1. 以市场流动体制为驱动，为培养创新型人才提供动力支持

合理、公正、畅通、有序的社会性流动对于经济健康发展和社会进步具有重要意义。同时，其也有利于培养创新型人才。为消除阻碍人才自由流动的制度性障碍，促进人才自由、全面发展，《关于促进劳动力和人才社会性流动体制机制改革的意见》明确提出，要加强对市场引导和政府引导的关注，要加强服务支持，构建横向流动的桥梁和纵向发展的阶梯，激发全社会的创新、创业、创造活力，逐步形成合理、公正、畅通、有序的社会性流动格局，引导人们把个人的发展与国家、民族命运联系在一起，推动社会经济的可持续发展。具体来说，可以从以下三方面入手。

首先，畅通市场流通渠道，激发市场活力。最重要的是，要牢牢把握住城镇化进程中创新型人才的自由流动这一关键问题，要主动吸纳创新型人才，保

证创新型人才的合理、自由流动。同时，通过档案服务改革，为创新型人才的职业生涯开辟一条康庄大道，加速档案信息管理服务的网络化建设，尽快将档案信息在全国范围内统一起来，实现网上免费申领、异地通办。

其次，完善考核激励机制，拓展市场流通空间。就是要根据不同的职业、岗位和层级的特征与功能，把共性与特殊性、成果与发展潜能相结合，定性与定量相结合，最终达到差异化的评价。与此同时，要加大对创新型人才的奖励和激励力度，增加创新成果的评价和工作时间等方面的权重，进一步畅通创新型人才的晋升渠道，促进职务与职业水平等级制度的无缝、有效衔接；畅通创新型人才在新职业中的从业资格、职称和职业技能等级认定通道，鼓励将薪酬待遇的分配、增长与岗位潜能、综合素质、实际贡献、创新成果等要素相结合，为创新型人才的上升提供科学、合理的通道。

最后，完善创新型人才引进机制，扩大用人单位自主权。也就是要充分发挥市场机制在培养、评估创新型人才方面的作用，使创新型人才培养的质量得到最大程度的提升。同时，要推动创新型人才在政府部门和企事业单位之间畅通无阻地流动，引导并支持部分创新型人才向欠发达地区流动，实现社会的全面、协调发展。

总之，就是要充分发挥市场在培养创新型人才方面的决定性作用，运用财政、税收、福利等政策制度，鼓励和引导民间和社会组织开展创新型人才的培育。同时，积极争取国际社会的资助，争取国际金融组织（如世界银行、亚洲发展银行等）的支持，为创新型人才的培养提供资源上的支持。

2.政府合理、有效的引导是培养创新型人才的关键

如果把一个国家比作一支乐队，那政府就是这支乐队的指挥，因此，要想培养出创新型人才，必须有政府的合理引导。市场机制与政府合理引导是两种基本的资源配置方式，它们对创新型人才的培养发挥着积极的作用，两者缺一不可。由于市场机制的存在，创新型人才的流动需要政府的合理引导，才能使创新型人才健康发展。目前，我国的创新型人才培养存在着人才结构不尽合理之处，特别是缺乏高层次创新型人才，这一现象反映出我国政府和市场关系主体之间的不协调，因此，需要政府的合理引导。政府的合理引导不是采取"一刀切"的方式，而是积极发挥政府引导和社会保障作用，在政府不越位的前提

下为创新型人才培养提供资源。同时，要加快政府职能转变，提高创新型人才公共服务水平，促进创新型人才公平竞争，完善创新型人才市场监督机制。具体来说，对于创造新型人才市场能够自主决定的事物，政府应该放手、放权，给他们更多的自主权。此外，凡是能提高创新型人才培养质量的市场手段，政府都应该给予足够的关注和借鉴。我们要认识到，政府的合理引导不是把政府的思想和行为强加在市场上，而是要不断完善我国的人才培养制度，加快政府职能的转变，建设服务型政府。

在当前的社会经济发展进程中，仍然存在一些制约创新型人才培养的因素，消除这些制约，需要政府合理引导。例如，在制定专门的创新型人才培养和评价方法以及选拔任用方面，政府应该给予充分的支持，最大限度地减少干预。同时，政府还应该加强对创新型人才培养的宏观指导，比如创新型人才培养的体制机制等，充分发挥自己的优势，为培养创新型人才营造一个良好的环境。具体来说，有三个方面。第一，构建创新型人才服务机构要采取合理、合法的方式。建设创新型人才服务单位，包括金融服务、公共服务、社会服务和市场特色服务等多方面，并以此为基础，构建"四位一体"的培养高端创新型人才的产业化体系。第二，为创新型人才的创造提供多样化的载体，例如研究机构、企业、事业单位等，并以科技园、孵化基地、培育中心等为主要形式。第三，要加大培养创新型人才的力度，积极建立开放的工作机制。同时，注重吸纳国际著名的猎头公司和创新型人才中介服务机构，在政策上给予扶持，吸引其在国内投资设立分支机构，从而进一步提高我国创新型人才培养的服务水平。

3. 坚持保护创新型人才创新成果的产权公平原则

产权制度可以说是社会主义市场经济的风向标，只有对产权进行了合理的保护，才能让市场主体安心，才能让市场主体愿意把更多的资金投入更多的领域，在这种市场经济的环境下，创新型人才的创新成果才能受到保护。

建立在公平原则基础上的产权制度能够有效地保护各种产权。公平环境下的知识产权保护制度为创新活动的开展创造了一个有利的环境，既能激励创新型人才进行知识创新，又能扩大已有的知识存量，还能帮助营造一个和谐的创新环境，优化资源配置，这在知识经济时代显得尤为重要。此外，创新环境对创新型人才创新成果的保护具有重要意义。反之，如果缺乏公平的产权制度，创新型人才的创新成果得不到保障，就会使他们的创新热情大打折扣，同时也会影响各种社会资源对创新的投入，久而久之，就会出现"坐吃山空"的情况，导致每年的创新成果大幅减少，甚至将创新型人才的创新热情完全磨灭。

创新型人才的智力产权，又称为"个人财产权"，主要是由国家法律赋予创新型人才在创造过程中产生的个人财产所有权。只有注重对创新型人才知识产权的保护，才能激发他们的创新动力，让他们主动参与创新活动，这也有利于形成一个良性的科技创新循环，从而促进我国科技水平的提高。

在今后很长一段时间内，我国都会把完善知识产权法作为政府工作的一项重要内容，对创新活动中产生的各类智力劳动成果给予充分的尊重。更重要的是，知识产权保护制度为创新型人才开展创新活动提供了根本保证。与此同时，创新型人才的创新成果也间接地证明了知识产权保护制度的作用。只有科学、合理地运用该制度，才能更好地保护创新成果，促进科技进步，站在世界之巅，确保我国在2035年前成功迈入创新型国家行列。

当前，我国正处在新一轮科技革命和国家转型发展的关键期。以公平为基础的产权制度不断完善，进一步加强了对知识产权保护的力度，更好地保护了创新型人才的创新成果，无形中激发了他们投身创新活动的热情与动力。

（三）以社会主义先进文化为载体，激发创新型人才的创造力

当前，我们已经对社会主义先进文化有了更深刻、更全面的理解，无形中为全国人民团结奋斗提供了思想指导，为推进社会发展奠定了坚实的基础。这是我国长期坚持在实践中探索、发展社会主义先进文化的总结，是国家治理体系和治理能力现代化的源泉。同时，我们也要坚定文化自信，坚持社会主义文化制度，在社会主义先进文化的指导下实现创造性的成功转换，在创新型人才培养中融入创新性发展的理念，从而让我国创新型人才培养工作始终充满活力。

具体来看，首先要不断完善人民文化保障制度，同时积极鼓励创新型人才开发新的文化产品，逐步引导创新型人才把丰富人民精神生活、满足人民精神需求作为创新活动的出发点和落脚点。其次要充分发挥舆论的积极导向作用，营造一个有利于创新型人才进行创新活动的社会环境，加强社会化媒体的管理，在文化建设体系中融入社会主义核心价值观，为培养创新型人才创造有利条件。

1. 人民文化权益保障制度激励创新型人才创造文化精品

人民文化权益保障制度以人民的利益为中心，在工作中，只有把人民的利益放在第一位，坚持以人民为中心，才能使文化更好地为人民服务，文化创新才能获得动力，进而真正实现人民的文化权益。健全文化产品的引导与奖励机制，确定创新型人才在创作文化产品时的基本准则，也就是人们对文化产品的看法与评价，比如喜欢不喜欢、接受不接受、高兴不高兴等。同时，创新型人才在创造文化产品的过程中，也要主动地融入群众的生活，从生活中寻找创作文化产品的灵感，从而提高人们对文化产品的满意度，丰富他们的精神生活。

纵观社会主义先进文化的发展史不难看出，只有坚持以人民为中心的创作原则，坚持创造性转化和创新型发展，才能保证文化产品永葆青春。此外，在文化建设体系中融入社会主义核心价值观，潜移默化地引导创新型人才在创造和传播文化产品中融入社会主义核心价值观，这样既能丰富文化产品的思想内涵，又能提高创新型人才对社会主义核心价值观的认同，还能丰富人民群众的精神生活。

在人民文化权益保障制度环境中，社会各界参与基层文化惠民工程建设，促进基层文化惠民工程的健康发展，优化城乡文化资源。这对于创新型人才来说也是一种激励，让他们在创作文化产品时，能够更好地考虑到基层文化的发展状况，更好地理解人民群众的实际需要，从而创造出更符合人民群众需求的文化产品。总之，我们要始终坚持社会主义先进文化制度，坚持以人民为中心，在完善人民文化权益保障制度的基础上创造文化产品，提高文化产品与人民需求的匹配度，丰富人们的精神生活。

2. 导向正确的舆论引导营造创新型人才培养氛围

以党对媒体的领导为原则，以正能量宣传为方向，以正确导向的舆论引导为主要内容，奏响新时代文化创新的宣传交响乐，形成良好的风气。同时，构建线上线下相结合、内外宣传相协调的正面舆论环境，营造创新型人才培养的创新文化环境。创新文化与创新型人才是相辅相成的，也就是说，培养创新型人才必须与创新文化氛围有机结合。充分发挥党对媒体的领导作用，在全社会营造一种浓厚的创新文化氛围，促进创新型人才的培养，有利于创新型人才的选拔任用。这一机制的线上线下、内宣外宣的互动，能够为创新型人才在现实社会中展现自己的才能提供更多的机遇与空间，为创新型人才的培育提供"蓄水池"，激发其持续创新的积极性与动力。

当然，在实践创新型人才的培养过程中，教育绝对不能缺失。人类社会的发展离不开教育为社会提供源源不断的人才，特别是在知识经济快速发展时期，培养创新型人才尤为重要。通过教育，创新型人才可以更新自己的知识，探索自己的未知，开拓新的知识领域，引导人们更好地面对未来、迎接挑战。所以，在运用导向正确的舆论引导工作机制开展文化宣传时，必须加强顶层设计和引导，把培养创新型人才作为高校"一把手"工程来抓，这样才能引起学校领导的高度重视，积极关注并实施创新型人才培养的新策略。的确，培养创新型人才不能只靠高等教育，也不能只靠他们自己，基础教育、学前教育等必须履行自己的职责，从而在各个阶段为创新型人才的培养创造最好的土壤，制定专门的人才培养方案和培养方式，为其提供优质满意的生活环境，为学生创造一个良好的发展环境和平台。

总而言之，在不同的时期，创新型人才的培养也会呈现出不同的情况和要求，因此需要依靠正确的舆论引导工作机制，要牢牢把握住这个机制，充分发挥其对教育的基础性、先导性、全局性的宣传引导作用，为培养创新型人才创造更好的创新文化氛围。

二、高校创新型人才培养的方法机制

（一）为学生提供最关键的信息

在创新型人才培养过程中，课堂教学环节具有举足轻重的作用。那么，什么才是最关键的信息呢？一般情况下，主要是指那些需要教师讲授才能得到的信息，而学生自己能够找到的信息并不是最重要的信息。例如，在学习古代文学内容的时候，学生可以很容易地从网络上获取古代诗人的出生日期和代表作品，因此，这并不是最关键的信息。

在课堂上，最有价值的信息可以总结成两种，一种是观念，另一种是技巧。在课堂教学中，教师要教授学生掌握分析、整理、整合、拓展和探究的能力,加强学生的抽象思维能力,使他们能够通过现象分析事物的本质,从而提高学生的分析能力和思辨能力。另外,教师要充分调动学生的积极性,让学生表达出自己的观点,并在课堂上进行师生间、生生间的交流和辩论。在课堂上,教师还应鼓励学生进行必要的总结和归纳,培养学生的反思性学习习惯。此外,教师还应在课堂上设置相关的练习,离开了练习,教学效果就会大打折扣。

在课堂教学中,教师要尊重文化差异,并以此为基础认识和了解每个人的思想和看法,并给予充分的尊重,这有利于营造良好的课堂氛围。与此同时,不同观点的碰撞也会产生智慧的火花。因此,在课堂教学过程中,教师要充分发挥自身在教学中的引导作用,把学生的学习热情充分地调动起来,培养他们的思辨能力和分析能力。帮助学生在课堂上掌握最关键的信息,这也有助于创新型人才的培养。

(二)加强对学生核心竞争力的培养

核心竞争力是创新型人才最重要的标志。高校在教学过程中要注意培养学生的核心能力,通常我们把这种能力称为核心竞争力。当代大学生的核心竞争力表现为:第一,口语沟通能力;第二,书面语言表达、沟通能力;第三,定量分析和定性分析的能力;第四,信息素养;第五,批判性思维能力;第六,概念化能力,也可理解为创造性解决问题的能力;第七,坚毅的品质。

在一定程度上,大学生的核心竞争力体现了他们的综合素质。大学生核心竞争力是以个人专长为核心的知识、素质、能力等多个层面的综合体,具体来说,主要体现在交际能力、思维能力、判断能力和创新能力等方面。在一般情况下,核心竞争力又被称为核心竞争优势,是指人在竞争中所表现出来的比较优势。通过分析核心竞争优势,人们能够找到更适合自己的岗位,这也是当今教育界十分重视核心竞争力的一个重要原因。当代大学生核心竞争力是一种较高层次的综合能力,是多方面能力的体现。在核心竞争力的作用下,大学生不仅要精通本专业的知识,还要不断地丰富自己的阅历,多方面提高自身的综合能力,例如人际交往、分析判断和技术创造能力等,只有如此,大学生才能成为一名创新型的高素质综合性人才。

（三）对图书馆的作用给予更多的关注

高校要培养创新型人才，更要充分发挥图书馆的作用。目前，以美国为代表的西方发达国家在大学图书馆建设方面有其独特的做法，为我国大学图书馆的建设和利用提供了有益的启示。无论是美国的四年制大学，还是社区大学，都非常重视对图书馆资源的开发和利用，这是一个非常重要的课题。图书馆是美国大学的重要组成部分，相当于大学的二级学院，并且美国大学图书馆是一个综合性的信息共享和校园服务中心，无论是对高校的教学还是科研工作，都具有重要的积极作用。

美国大学图书馆对所有学生开放，大学生经常会在图书馆进行学术交流和讨论。美国图书馆会为学生提供写作辅导、语法教学和选课等服务。另外，美国大学图书馆还向学生提供一些常识服务，如信息检索和计算机基础应用。美国大学图书馆会定期举办专题讲座，提供一对一的咨询服务。除此之外，美国大学的图书馆也有自己的教授，这些教授分布在各个学院的各个系中，参与课程的制定。从宏观上看，美国大学图书馆的未来发展方向是移动化服务，并建立统一的数据库。由此可见，美国大学图书馆在今后的教学和科研中所扮演的角色将会更加重要。当前，我国大学图书馆的性质正逐步转变，美国大学图书馆的运作和管理经验对我国大学图书馆的转型具有一定的借鉴意义。我国高校要想提高创新型人才的培养水平，就需要更多地关注高校图书馆的作用。

（四）鼓励大学生积极参与社区服务活动

在我国高校培养创新型人才过程中，要积极开展社区服务活动。美国教育十分重视参与社区服务活动，并把它作为评价学生学习成绩的一项重要内容，主要考察学生理论与实践相结合的能力。美国大学教育提倡社会服务，其目的在于提高学生在课堂上所学到知识的实际运用能力，培养他们的公民意识和实际创新能力。

尽管我国的教育理念也提倡学生积极参加课外活动，但我国高校在社区服务活动方面还比较薄弱。作为新时代的大学生，要自觉地走出校园，走进社区，积极参加各项社区服务活动，把课堂上学到的知识应用于社区服务，这既能提高知识运用水平，又能在社区服务中培养自己的奉献精神和社会责任感，从而使综合素质得到全面提高。

第三节 高校创新型人才培养模式

一、构建创新型人才培养模式的前提

（一）推进教育观念创新

在很长一段时间里，学校教育是以一种一成不变的方式来塑造学生，这就导致培养出了千篇一律的学生，他们缺少了一种内在的精神和独立思考的能力，容易盲从，缺少创新精神。这种学生在进入社会之后很难在激烈的竞争中脱颖而出。

随着社会的发展、教育改革的进行，教师的教育理念也发生了根本变化，教师不再是知识的主宰，学生可以通过各种现代传媒手段自学。从根本上来说，教师的角色已经从"真理的化身"转变为"启发者"与"协助者"，教学方式是激发思维而非直接给出结论。树立现代教育观念、质量观念、学生观念、人才观念是教育界和社会发展共同的要求。

下面从教育本质、教育目标、教育使命、教育方式和教育功能等多个角度探讨我国高等教育理念的创新。

1. 教育本质的演进

在传统思想中，人们往往把发展智力作为首要任务。但从现代视野来看，道德教育才是根本。德育是育人的基础，教育的基本任务就是让学生学会做人，这是立身之本，忽略了这一点，就会培养出有智商却没有智慧、有学问却没有修养、有欲望却没有理想、有目的却没有信念的学生，那将是教育的悲哀。

知识便是力量，力量也分正负两种。知识如果被某些"高知坏人"利用，就会成为一种邪恶的力量，而且，其拥有的知识越多，危害就越大。拒绝成为"高知坏人"，既需要"高知人"洁身自好，严格要求自己，又要有强有力的制度保障，让每一位"高知人"体内都流淌着道德之血，成为造福社会的精英。

2. 教育目标的提升

促进人的全面发展是现代教育的最终目标。作为具体的、真实的人，个人

的发展并不存在统一的模式。如果一个社会里的人们都只有共性而没有个性，那么这个社会是不会有活力和发展的。让每个人的个性得到充分发展、潜能和积极性得到充分发挥，才是教育的职责与目标，体现教育的人本价值。在这个意义上来说，教育是引导而不是左右，是影响而不是支配，是感染而不是教训，是解放而不是控制。

3. 教育使命的升华

现代教育的使命不应仅仅是知识的传授，而应是对人（受教育者）持续发展能力的培养。现代教育不仅要给人知识，也要培养人的能力。事实上，教育赋予学生的东西可以分为三个层次：基础层次——知识、中间层次——方法、最高层次——视野。向学生传授知识是最基本也是最起码的要求，而引导学生自己去思考、去摸索，从而掌握方法，为学生提供一把开启知识之门的钥匙，是更高层次的要求。教育的使命不仅仅是传授知识和方法，更重要的是要让学生学会使用知识、学会使用方法，不断地去探索和改造世界。在这个过程中，他们的眼界和能力都会得到极大的提升，只有将这些知识变成自己的能力，才能真正地拥有"力量"。教育的任务就是使学生学会学习，获得更多、更有用的知识，具有更高的发展能力。

4. 教育方式的改变

传统教学中存在着这样一种观念，即学生害怕提问是因为他们不会提问，所以不敢提问，而西方教育则侧重于激发学生提问。学生向教师提问得越多，课堂效果就越好，因为提问的学生具有创造思维和创新思维。现代教育的教学方式就是要给学生充分的创新空间，让他们有机会表达自己的想法，提出自己的问题，让自己的观点与其他人的观点碰撞，这样才能迸发出创新的火花。要培养学生的问题意识和提出问题的能力，就要实行研究式、参与式的教学，把知识的发现、发展和教学相结合，让学生积极地参与进来，积极地思考，大胆地发问，使他们成为一个有头脑、善于思考和有智慧的人。

5. 教育功能的扩展

教育，尤其是高等教育，始终把培养创新型人才作为首要任务。教育的作用一方面是要推动个人的发展，包括个人的个性化和社会化发展。我们要根据个人的特点对学生进行因材施教，通过发掘个人的独特潜能，引导个人融入社会，在社会中继续成长。另一方面是要推动社会的发展，我国的教育是社会主义的教育，其目的在于培养新时代的青年，为我国的政治和经济发展服务，从而促进中华民族的伟大复兴。

具体来说，高等教育具有三大功能：培养创新型人才、开展科研项目和社会服务。目前，社会服务已成为高校的一项重要职能，更是现代高等教育发展的必然要求。高校作为人才培养和输送的主要来源，在教学工作中起着至关重要的作用，可以促进国家的发展，也可以为国家战略的实施提供有力的保障。另外，高校既是科研项目的核心，又是研究开发的关键。高校要明确自身的办学宗旨，汇集资源，协同合作，迎接挑战，为创新型国家的建设提供人才与技术支持。

（二）全面构建创新教育观

创新教育是以人的创新思维与能力为主要价值取向的创新教育理念，是创新型人才培养工作的核心内容。一切与创新有关的教育活动，都是为了培养学生的创新精神，促进学生创新能力的提高。

1. 人本教育观

创新教育是以人为本的教育理念。以人为本，以学生为中心，促进学生的全面而自由的发展，培养学生自立、自强和创新精神。人本主义认为人是教育的根本，也是教育的最高价值。创新教育观强调培养学生的创新意识、创新精神和创新能力，注重学生的创新人格的发展。

2. 个性教育观

创新教育实际上是一种个性教育。学生作为个体，其智力类型、学习速度和个性特点各不相同。创新教育就是要尊重学生的个性，因材施教，为学生提供最有价值的帮助。创新教育观注重学生的特殊兴趣与爱好，突出学生的个性与特长，为学生创造出与众不同的个性，培养有创意、有独到见解、有开拓能力的创新型人才。

3. 素质教育观

创新教育也是一种素质教育。素质教育是一项旨在提高人的综合素质、促进人的全面发展的教育活动。素质教育是创新教育的基础。教育者和教育单位要面向全体学生，全面提高学生的综合素质，重点培养学生的创新精神和创新能力,这也是素质教育的最高体现。

(三)建设创新教育的生态环境

生态学是研究生物与环境之间相互关系的科学,同时也是一种科学的思维模式。生态系统把所有生物之间以及生物跟环境的关系称为一种环境关系。环境关系是生态系统结构和规律的体现。从环境视角研究教育这一课题,可以为我国教育改革与发展提供新的思路和新的方法。

在经济与社会共同发展阶段,我国教育进入新的转型期,在多元社会背景下,需要对国家教育制度与模式进行重新界定与构建。

教育也是生态进程中的一环。教育生态是一个多元的生态系统,有对生产、生存和发展进行控制和监督的作用,其由自然环境、社会环境、监管环境和生理精神环境组成,这些环境相互联系、相互交叉,共同组成了一个综合而复杂的环境。

教育生态系统必须遵循四条基本法则:生态过程法则、教育与道德融合法则、生态链法则以及目的性法则。

生态过程法则,即要遵循教育系统的生态过程的基本规律,维护系统的整体性、层次性、关联性、目的性和对环境的适应性,使各种生态要素之间能够相互协调,形成一个健康的生态系统,从而提升学校的办学效益和教育功能。

教育与道德融合法则,指把教育和道德相结合,合理地使用教育资源,推动教育制度的健康发展与繁荣。

生态链法则,其类似于自然界中的食物链,但不同之处在于,它不只是能量流的递进关系,更是知识流动的复杂集合关系。

目的性法则,即教育制度应该以反馈、组织、调整等方式适应环境,使其能够根据目标导向的反馈信息发现自身的不足之处,进而通过自我调整达到预期目的。生态和谐的教育思想强调的是系统的整体性、平衡性、协调性和整体性,追求教育内外、主体与客体之间的相互依赖和互动(表现为适应和发展、平衡和失衡、共生和竞争的关系),从而形成一种和谐自然、开放创新的教育模式。

教育生态观要求营造和谐的学术生态环境,增强教育意识,健全内部教育制度,重视高质量人才的培养,重视学生的个体发展,这些都是培养创新型人才和关注教育创新的关键点。

生态文明建设的瓶颈是教育可持续发展。要实现整个社会环境与教育自身的良性循环与健康发展，就必须建立健全教育生态系统，落实可持续发展观。教育生态是人才成长的最佳环境。以生态教育思想为指导，营造良好的创新生态环境，才能达到培养创新型人才的最终目的。

（四）创新型人才培养中的人文素质教育

人文素质教育是造就创新型人才的关键要素，只有通过优秀的人文文化才能实现高质量的创新教育。在今天这个高度发达的科技环境下，用优秀的人文文化来充实学生的头脑、培养学生的感官，是十分必要而重要的。以自然个体为研究对象，所谓的科技创新能力实际上指的是人所特有的一种心理品质，是一种特殊的综合能力，主要内容包括创新意识、创新思维、创新人格、创新知识、创新技能等。

要具有科技创新能力，其既要有丰富扎实的自然科学知识，又要有一套完整的社会知识体系，也就是说，科技创新型人才必须有较高的人文素养。

人文素质是指一个人要得到良好发展所必须具备的基本素质和内在素质，即人文素质中最为重要的品质。

人文教育能激发学生勇于挑战、勇于创新的精神。高质量的人文教育内容与学生的创新能力息息相关，对培养大学生的创新能力、创新意识和创新思维具有重要意义。只有高水平的人文教育才能逐步培养出学生健全而美好的个性，并不断地促进学生的成长和进步。

尽管目前我国高等教育已经开始重视提高学生的综合素质，但是一些高校仍过于重视专业技能，忽略人文素质教育，尤其是理工科学生，其专业技能单一的趋势更加明显。

事实上，如果培养出的学生只有专业素养而缺乏人文素养，那么其最终只能沦为"机器人""工具人""单面人"，这种结果实际上是与我国教育的根本宗旨相背离的。

创新能力的提高单靠个体的专业能力是不够的，而应尽可能地拓宽其知识领域。因此，要培养创新型人才，必须进行人文教育。

1. 人文素质教育的主要内容

创新型人才所需的素质主要有：独立分析、解决问题的能力，广博的知识与经验，高尚的品德，以及较强的语言表达能力。其中，后三者必须通过人文教育来落实。作为一名社会成员，在学习、交流、工作过程中，如果不能恰当地使用语言表达自己的想法，就难以让他人理解自己，也难以与他人交流新观点，思维的发展也会受到极大的制约。

实施人文素质教育，以创造有利于科技创新的人文环境为基础，建立比较完整的、系统性的教学内容体系，把教学和实践结合起来，才能使学生的科技创新能力得到有效的提升。高校的人文素质教育主要包含五方面的内容：科学世界观教育、优良传统教育、道德品质教育、心理素养培养、文化知识教育。

2. 人文素质教育的实施途径

对高校而言，要加强人文素质教育，一要树立现代人才观，强化人文精神教育；二要在专业课教学中渗透人文精神教育；三要加强师资队伍建设，全面提高教师素质；四要加强校园文化建设，营造良好的人文环境；五要健全评估制度，建立具有人文精神的活动站点。

以上五点中，第二点值得强调，因为很多人认为人文精神素质教育属于人文课程的教学任务，但实际上这种想法存在偏颇。

一般来说，专业课程通常会占据总课时的很大一部分，作为学生的"饭碗"，学生往往把它看得比什么都重要。若能在通识教育中渗透与传达人文精神，则可收到事半功倍之效。其所产生的影响也是多方面的：第一，教师的语言、行为都会对学生产生潜移默化的影响；第二，在专业课程的学习过程中，学生能够获得思维方式的训练；第三，每个学科都与社会、人的发展紧密相关，通过课堂教学可以使学生能够更好地理解这种相互间的联系，有助于培养学生的社会责任感。

3. 科技创新活动与人文素质的提高

人文教育对提高大学生科学研究能力、技术能力、创新能力具有重要意义。不管是小学还是大学，人文教育都应该受到重视，并通过多种方式来确保其实施效果，创造出独特的人文环境，潜移默化地培养学生的创新精神，提升他们的科技创新能力。

实施人文教育不能只局限于教育形式，也要进行相应的改革和创新，如强化行为训练、注重实践环节、保留学术自由、提倡新颖性与创造性等。高校要通过系统的规划和有效的实践加强学生在道德、法律、心理学、美学甚至是世界观等方面的知识内容。

4. 校园文化与人文氛围建设

毫无疑问，高校校园环境中的人文氛围对于大学生有着很强的潜移默化的作用。加强校园文化建设是实现大学生人文素质教育导向与教化作用的重要途径。作为一种以校园为主要空间、以学生为主体、覆盖院校领导和教职工的群体文化，其主要特点是校园精神。校园文化包括校内的文化设施、文化组织、文化管理制度，以及该所高校全体师生共同的文化心理和文化生活方式，是学校校风、学风和教风的外在体现。高校校园文化的核心是大学生独特的意识形态、心理品质、价值取向和思维方式。

校园文化实质上是一种人文环境和文化氛围，同时也是一种精神，它能深刻地影响学生的人生观、世界观和价值观，使大学校园充满生机与活力。高校可以通过举办人文社会科学讲座，开展格调高雅、内容丰富的校园文化活动，鼓励学生组建或参加人文社团，加强校园自然与人文景观建设，弘扬大学精神与理念，给大学生以启迪和熏陶。

二、创新型人才培养模式

（一）KAQ 人才培养模式

模式即某种事物的标准形式，或是人可以照着做的标准样式。它是把解决某一类问题的方法提升到理论的高度，以帮助人们找到最好的解决方法。

创新教育模式是培养创新型人才的前提条件。要明确创新教育理念和基本特征，借鉴国外先进经验、推进教育理念创新、实行 KAQ 人才培养模式、营造创新教育生态环境、建立创新型人才培养制度。

KAQ 人才培养模式的三大要素是知识、能力、素质，它们并非孤立存在，而是互为补充、密切关联的。其中，知识是基础，能力则是建立在知识之上的。素质包括知识与能力两个方面，是知识与能力综合作用的产物，也是知识与能力有效发展的先决条件。

此外，还应注意环境，包括教育环境和社会环境等。从系统工程的角度来看，环境是一个比系统本身更为高级和复杂的系统。各种环境因素对学生知识、能力、素质的发展产生重要影响。

创新型人才的培养必须坚持知识、能力、素质三要素的辩证统一。在当今知识经济的时代，社会对人才的需求也发生了深刻的变化。而重视知识、能力和素质的协调发展，培养出"专""博"兼备的全才，需要教育界作出更大的努力。

要构建 KAQ 人才培养模式，就必须健全课程教学体系，使全才教育和专才教育相结合、科学教育和人文教育相结合、理论与实践相结合，才能使学生的知识、能力和素质得到全面、协调发展。

（二）个性化创新型人才培养模式

1. 个性化创新型人才培养模式的内涵逻辑

（1）立足人本的教育是核心

①一种关于学生"自我"的本位

一，要尊重学生的独特性。大学生是正处在个人成长的重要时期——青春期的特殊群体，他们在心理特点、人格品质、价值理念、行为方式等方面都与其他人群不同，表现出较为明显的多样化人格特点。在这一时期，其生理发育趋于成熟，感知觉更加敏锐，注意力迅速发展，逻辑思维能力得到了极大的突破，独立意识得到了加强，学习动机得到了更强的满足，道德、使命感、荣誉感和审美感得到了提高。大学生群体中的每个学生都有自己的个性，彰显着自己的与众不同。

大学生群体有自己独特的个性、气质和能力标识，也有自己独特的自我发展宣言。因此，高校创新型人才的个性化培养首先应该是一种个性化的教育，也就是在"以人为本"教育的基础上，强调学生在发展中的主体地位与作用，尊重学生的主体性，强调发展就是人的发展，发展是为大学生的发展服务的。大学生是高等教育发展的原动力，也是高等教育的核心。在教育教学过程中，要始终坚持"以人为本"，强调"人是精神的存在""人是自由的存在""人是创造的存在"，因此，要重视人的精神，将人视为主体而非对象和工具，高度强调人的创造性。传统的"学而优则仕"的教育理念逐步转变为"学而优则闯""学而优则创""学而优则商"等多元化创新型人才的个性化培养理念和机制。教育教学设计的过程应该是根据每一位学生的个性特点、能力结构和知识储备而进行的有针对性的个性化教育。

二，紧跟学生发展阶段的特点。在历史发展过程中，大学生的个性特征也呈现出明显的时代差异性。当代大学生作为后现代社会发展的一种人类学表征，在纷繁复杂的社会环境中，结合自身发展阶段的矛盾性特点，表现出强烈的独立性和依赖性，科学价值观和错误意识形态共存，人际关系多元化和人际关系淡漠并存。伴随着复杂矛盾的个性特征，当代大学生的自主意识、创新意识和发展意识也越来越强，大学生群体内部的差异越来越明显，表现为智能发展水平、发展时间、发展程度的不同等。

其中，创新型人才是当前最引人瞩目的群体。这些人才具有很强的创新意识和创新能力，有永不满足于现状、勇于进取、拼搏奉献、团结协作的精神，是能够获得最终创新成果的新型人才。创新型人才的涌现是时代发展在大学生群体中的体现，更多的创新型人才不断涌现，对当代大学生群体的能力水平与结构进行了重构，"跳出平庸，脱颖而出"不只是大学生的呼声，更是高校创新型人才培养的时代命题和要求。

从微观上讲，大学生的个性特征也在高等教育阶段得到了充分的体现。大学生从低年级的懵懂、迷茫到高年级的成熟、自主，这是大学生成长过程中必然要经历的过程。与此相对应，高校对创新型人才的个性化培养也要适应学生身心发展的阶段特点，特别是要满足他们对更高层次知识和能力的需求，这样才能让学生持续地进行自我调节和应对。因此，高校对创新型人才的个性化培养并对针对不同发展阶段的大学生，制定了有针对性的、个性化的人才培养模式，并且还制定了从浅到深，再到拔尖的人才培养计划，对学生的个性化发展提出了更高要求。

②一种立足高校"自我"的本位

一，立足于大学自身的发展定位。从大学生自身的特点出发，我们始终强调要树立和贯彻"以人为本"的教育思想。大学生之所以被称为大学生，不仅仅是因为他们达到了高考录取分数线。一名合格的大学生应该是受过良好高等教育的、能适应社会发展需要的人才，在这一点上，只有把大学生放在各自所在的高校中，在学校给予的特殊教育环境中，才能称得上是大学生。因此，大学生的成长离不开大学环境，大学环境无时无刻不对大学生产生影响。那么，我们所说的"以生为本"，就应该包括以学生所在的校园环境，这里我们可以称之为"以校为本"。

就像社会分工的差异一样，社会需要和学生的发展需求不同，高等教育也有不同的层次和类型。不同的高校，其高等教育的目标、任务和资源等都会有不同的发展，在教育学的专业术语中，这被称为高等教育分流。高等教育分流是指分流主体根据社会发展的需求以及分流对象的意愿和条件，对分流对象进行有目的、有组织、有差异的培养高级专业人才的活动。分流的过程实质上是高校根据自己的发展目标，尤其是根据自身学生的发展水平和能力水平，对学校自身的自我定位与设计，因此，实际上分流也是一种以学生为中心的个性化发展过程。

具体到高校创新型人才个性化培养的过程，不同类型的高校在不同的发展阶段的定位和目标也会有所不同。理工科院校承担着科学研究和为社会经济服务的重任，自然也就更加注重培养具有个性化、高层次的研究型人才；综合性大学人文学科的优势对应地表现为创造性人才的个性化培养，即对创意产业、社会文化的继承与创新。站在发展的角度来看，创新型人才的个性化培养也必然处于持续发展、调整过程中，这一发展既包含了对自身发展阶段、发展愿景的理解，也包含了对自身社会环境及社会地位的认识。比如，国际交流与合作的开展为培养创新型人才、高校的定位提出了一个新的要求，国际化创新型人才的将养被越来越多的高校纳入人才培养规划。

二，与社会发展阶段相适应。作为教育生态系统中不可缺少的一部分，学生个体与学校自身都不可避免地受到教育生态环境的影响。"高校本位"理念在一定程度上是一种以自身生态系统为基础的、动态的、宏观的、复杂的认识过程，它包含了对社会发展的阶段性考虑，只有在社会发展的大背景下，高校才有可能获得新的理解和发展机会。

从中华人民共和国成立至今，我国高校质量观经历了由"规定性"到"单一需求性"再到"多元需求性"的演进过程。中华人民共和国成立之初，高校教育开始复苏，为国家经济建设输送人才，以满足国家的需要，为政府服务，这是当时高等教育的自我定位。改革开放以来，为了服务于社会的发展，高等教育的目标定位越来越多元化，以满足社会各方面利益团体的需要。随着市场经济的发展，大众教育的兴起，高校之间的重组、整合与升级，高等教育的建设进入了前所未有的"提速"阶段。现阶段，随着知识经济的发展，社会对于多样化人才的需求日益突出，高等教育对人才培养目标更加全面，学生群体逐渐成为教育中心。

在此背景下，以个性化创新型人才培养目标为导向的人才培养也必然成为对当前社会发展的积极回应。一方面，这是高等教育为应对大众化教育弊端而采取的一种补救措施，其目的在于解决招生数量与教育质量不平衡、教育发展与投入不平衡、专业设置与社会需求脱节等问题，防止出现教学质量堪忧、学生就业难、教育成果单一等情况。另一方面，这也是适应知识经济时代人才需求多元化、全球化视野下人才高层次发展的需要，是为社会发展注入新的动力和活力的积极举措。

（2）突出创新的教育是重点

①高校文化氛围创新

一，在积极作为的推动下实现创新。随着社会的发展，尤其是知识经济时代的来临，多样化的人才需求推动着高等教育不断向前发展，同时也在推动其不断地提升着自身的社会地位。从改革开放之前的被动适应，到21世纪积极地适应社会、经济发展的需求，培养适应能力强的人才，高等教育在社会、经济、文化发展中的作用越来越重要。然而，高等教育的作用并不是一成不变的，而是要根据自身的社会功能与使命担当来发挥作用。高等教育应当积极发挥引领与创新功能，促进社会发展。教育具有先导性，其应该有一个更广阔的舞台，应该能够指出问题并提出建议，探索新的道路。与此相适应，现代高校也要具备两大能力：一是适应社会的能力，二是创新能力。当前，高等教育的创新能力已经成为衡量一个国家未来发展潜力的重要指标。

创新是人发挥主观能动性的高度体现，是一个国家、一个社会进步的不竭动力。高校作为一种高级知识的源头和探究之地，其组织特性决定了其内在精神与文化属性。高校创新型人才的个性化培养，一方面，作为高等教育人才培养理念和模式上的一次新突破，应该在思想上、实践上树立标杆；另一方面，突出"创新人才"这个特殊主体的存在，在强调个性基础作用的同时更注重以"学生本位"为基础，以创新为核心，重视对学生以创新能力为核心的核心素养的培养。

二，营造创新驱动的氛围。个性的发展要求和谐的人际氛围，实现人们对差异的尊重和包容，在差异中求和谐，在多样化中求统一，从而促进个人多种潜力的充分发展。创新型人才个性化培养以创新型人才为出发点，对创新文化氛围提出了更高的要求。

当前很多国家都把培养学生的创新能力放在最重要的位置，将其摆在教育改革的核心位置，为创新型人才的培养提供了强有力的政策支持。以培养学生创新能力而著称的哈佛大学，其在教学体制改革上一直坚持兼顾学生全面发展（一般要求）和个性发展（创新等）的原则。日本教育改革一直强调"重视个性"，提倡以"自由化"为基础，"扩大选择机会"，以激发学生的活力与创造力。目前，我国在推动建设"世界一流大学，世界一流学科"理念的基础上，努力创造高等教育的创新氛围，在高等教育质量上取得突破，着力培养创新型拔尖人才。

从高校本身来看，在培养创新型人才的个性化过程中，更要重视学校内在的创新观念，营造良好的文化氛围。从宏观上看，以改革创新为核心的时代精神应该是校园文化建设的风向标，引领着高校的制度创新、教育教学活动的创新、保障和激励机制的创新，从而形成一种全方面、全方位、立体式的创新型人才培养环境。在中观层次上，高校要提倡学术自由、科学与实践相结合的学习与研究氛围，为个性化创新型人才培养提供"孵化器"。

②学生创新品格的培养

一，以培养创新能力为导向。高校校园文化建设对学生的创新精神和创新能力也提出了明确的要求，不管如何，高校都要以培养学生的创新能力为出发点。因此，创新教育必然是高校创新型人才个性化培养的重点，这对培养学生的主体精神、开发学生的主体潜力具有十分重要的意义。

创新型人才的个性化培养，是在培养学生的创新意识的基础上，培养他们善于发现问题的思维习惯，提高他们的观察能力，进一步促进他们形成想要解决问题的内在动力。我们经常说，不怕做不到，就怕没想到。就是说，要树立问题意识，带着问题来解决问题，通过自问自答的自我意识碰撞，形成创造性解决问题的意识和能力。这就是在创新意识的引导下，形成创新思维和创新能力的过程。在对问题进行研究、分析并最终解决问题的过程中，学生对问题进行批判性的、反复的思考，从而形成自己独特的解决问题的想法和方案。如果学生经常接受这种训练，那么他们的创新能力就会自然而然地有所提升。

二，以创新品格为最终追求。创新能力是衡量学生综合素质的重要指标之一。同时，从符号的双重意义来看，每个符号都有自身的能力与所指，而符号本身又指向另一所指，其就是背后的文化系统。创新型人才的能力符号体系也不可避免地指向了学生本身的文化背景与文化素养；而反过来，作为一种创新文化的核心内容，创新品格形成了学生创新能力的符号体系，在本质上表现出了不同于其他学生的特质。

相对于一个观察力敏锐、逻辑清晰、具备综合判断能力和探索学习能力，但缺乏学术研究包容力和社会发展责任担当的创新型学生，一位对社会问题关注、对人类事业负责、对理想执着的创新型学生更有可能成为创新型人才。这就是创新品格的魅力，是由学识修养内化出来的人格修养，并渗入学生的独立性与个性。

（3）追求"和谐"的教育是目标

①全面发展与个性发展的结合

一，理论上结合的必要性。当创新成为社会发展的主题，成为高校对创新型人才个性化培养的核心内涵，以创新诉求为基础的个性发展成了重要依据，而在全面发展中的个性发展则成了风向标。自由而全面的发展是人类发展的最终目标。自由个性发展是以全面发展为基础的个性发展，它以全面发展为基础，而全面发展又不可避免地会朝着独立的方向发展，这就形成了个人区别于其他个人的特点和标志。

高校创新型人才培养是我国高等教育现阶段的一种新的教育理念和人才培养模式，其以为社会培养高级人才为目标，追求一种既符合社会发展要求，又符合人才成长的和谐发展格局。所以，它不是对个人某一方面的教育，也不是只强调某一方面的教育，而是从整个现实人格出发，把理想个性作为最终目的和目标，从而使人得到和谐教育。

二，实践上结合的内涵要求。学生全面发展和个性发展的统一是"和谐"教育的主要追求。大学生多元智能互相协调，多元个性互相依存，正是由于这种不可分割性与协调性的统一，才使大学生的全面发展成为必然。同时，突出某一方面的优点，对其他方面的发展也是有利的。所以，高校对创新型人才的个性化培养，就是要注重大学生群体的全面发展，并从某一方面去开发和挖掘他们个人的优点和潜力，以此来优化他们的个性。

在创新型人才个性化培养的具体教育实践中，要实现"和谐"教育的全面发展和个性发展的统一，其内容应尽量涵盖多个智力领域，涵盖学生各方面的能力和素质需求，从多方面、多角度、多途径帮助学生理解和学习，以充分发挥学生多方面的智能和潜力。同时，基于目标导向和潜能开发，针对学生智力领域中知识结构的差异设计不同的课程体系，并对学生进行分类编组，从而实现学生的优势互补、共同进步，促进学生多元智能的全面协调发展。

②社会化发展与个性化发展的同步进行

一，社会化发展和个人化发展是辩证统一的。人是社会化的个人，个人只有在社会中才能被称为人。这是马克思在历史唯物主义中的一个重要观点。我们说过，社会需求催生了创新型人才的个性化培养这一社会命题，而如今，在谈论个性化发展时，其也必然包含了个人社会化发展这一重要内容。学生最终都要在社会交往中实现个性发展，体现自我价值与社会价值的统一。从本质上讲，社会化发展与个性化发展是历史、具体和现实的统一。

无论人们有没有意识到这一点，他们的社会化发展历程实际上就是他们个人化发展的历程。个人的发展最终是个人社会化与个体个性化的相互交叉、共同促进的过程，前者有助于个体适应社会，达到社会同化的目的，而后者则是个体实现自身价值与社会价值的过程。也就是说，脱离社会的个性发展是不存在的。人之所以为人，其根本原因在于人的社会性，而社会的进步又有赖于个体的发展。只有在社会化的过程中，个人才会实现个体化的发展，也只有在个体化的过程中，个体的社会化才会变得更加深入。

二，与培养个性化相结合的思考。教育是生活的一部分，而非孤立的过程，只有将教育和生活联系在一起，才能实现教育的意义。教育的过程是对受教育者个体体验的充实和提升，是对个体生命活动能力的提高，从而实现个体真正"生长"和"和谐"的过程。教育的另一个重要内涵逻辑是：重视学生的社会化和个性化的发展。

因此，高校创新型人才个性化培养就是从社会属性和大学生人格属性两方面考虑而形成的一种"和谐"教育，其将大学生人格发展的内在规律与社会规范、社会需要相结合，培养出具有一定竞争能力的个性化人才。

2. 个性化创新型人才培养模式的构建原则

（1）教育理念与实践的统一性

①理念依据

高校创新型人才的个性化发展是以"以人为本""创新为目的"和"和谐发展"为理论基础的，其是高校创新型人才个性化发展的理论依据，也是高校创新型人才个性发展的根本所在。高校创新型人才个性化培养实质是在"以学生为中心"理念指导下，发掘学生各种个性与创新能力的一种教育，力求社会发展需求与学生个性自由、充分发展的双向互动、和谐共进。

在宏观层面上，高校需要在顶层设计的层次上建立制度和文化理念标杆，为全体教育工作者营造一种文化氛围，让所有的教育工作者都能学习到新的教育理念，形成一种人人都学习新知识、新文化、新制度和新理论的氛围。同时，根据自身的水平和学习主体，有针对性地开展不同层次的理论学习，解决理论知识匮乏、理解不透彻的问题。

从微观层面上看，高校创新型人才的个性化培养就是把"生本"教育、"创新"教育和"和谐"教育三者有机地结合在一起。高校在实施个性化创新型人才培养过程中要始终坚持"以学生为中心"，摒弃以往千篇一律的教育理念和观念，不仅要承认学生之间的差异，还要对这种差异给予足够的尊重。

②实践为要

高校创新型人才的个性化培养本身就是一种教育理念与实践模式相结合的教育活动。李秉德先生曾对教育教学理论脱离实际的表现形式进行了系统的分析：一是教育者没有对理论的内涵和意义进行系统的学习；二是教育工作者在理论与实践相结合方面存在认识不清、认识不统一的问题；三是理论表述的深度和广度与教育者的水平不相适应，造成结合的局限性；四是过渡学科在理论与实践中的缺失；五是教育者在理论应用上的态度和方法问题。基于这一点，高校创新型人才的个性化培养必须做到理念与实践相结合，实现二者的统一。

实践是检验真理的唯一标准。高校创新型人才个性化培养是一种全新的教育理念、教育模式，更需要通过实践的反复检验，不断改进和完善，才能更好地指导人才培养实践。基于理念学习，高校创新型人才个性化培养要立足于当代大学生的个性特点和教育实际问题，充分发挥教师和学生的主观能动性，坚持把理念应用于实践。在实际的教育教学中，一方面要在培养学生的创新意识、创新精神和创新能力方面要下大功夫，将基础教育、专业教育和兴趣培养结合起来；另一方面要有效地搭建起教学、管理、后勤等多个主体之间的互动关系，以丰富多彩的校园文化实践和教育教学实践为载体，构建一种全新的思想和实践的全方位联合机制，解决理论和实践脱节的难题。

同时，要积极地把直接经验，也就是实践所得有效地融入理论学习，丰富高校创新型人才个性培养的内涵，使"生本"教育、"创新"教育、"和谐"教育三大教育理念在人才培养实践中得到升华，使思想与实践有机地结合起来。

（2）教育主导与主体的双向性

①把"发现教育"贯彻到实践中

高校创新型人才个性化教育是一种个性化教育，在此类教育中，教师不再是知识的传授者，而是引导学生按照既定的教育目标发展的引导者。哲学家雅斯贝尔斯在他的《什么是教育》一书中写道："教育的本质意味着：一棵树摇动另一棵树，一朵云推动另一朵云，一个灵魂唤醒另一个灵魂。"从字面上看，这是一种个性化的教育，无论是"摇动"另一棵树，还是"推动"另一片云，又或者是"唤醒"另一个灵魂，归根结底，都只是一种外在的东西，无法取代学生主体的内在动力，这就像是一棵树的深厚根系，知识是土壤，能力是躯干，智慧是中枢。另外，它也深刻地启示着，教育的本质是一种精神化的活动，高等教育以个性、创新为基础的人才培养更应该是一种对大学生内在精神的观照，教师不能超越"精神主体"的位置，而应成为引导和带领大学生内在精神发展和提升的主体。

高校应在"发现教育"中发挥主导作用，主动发掘大学生不同的个性特点，发掘他们内在的差异性潜能，在培养学生全面发展的基础上，努力促进每一位学生在自己擅长或感兴趣的领域的智能发展。在教育目标方面，明确适合于全体学生全面、自由发展的整体与个性化发展目标；在教育途径方面，通过渗透式教育，也就是综合运用情景假设、信息积累、心理暗示、平台融合等不同的教育方式，让学生自己了解问题、了解自己，以此来寻找解决问题的途径并确定自身的未来发展方向；在教育主体即主导作用最终实施的主体方面，通过对教育者、管理者、后勤服务人员等教育工作者和学生之间的交互和影响，以及在工作各个方面的渗透，达到对大学生教育的全面渗透。

②对"自我教育"的启发

个性的首要特征表现为人的主体性，也是个性发展的内在动力。对高校创新型人才的个性化培养来说，只有充分发挥学生的主观能动性，充分调动他们的积极性和创造力，才能使教育者的外在指导作用得到最大程度的发挥，从而实现学生的个性和谐发展的最终目标。

自我教育就是个人把自己当作教育的目标，按照社会的需要和自己的发展需求发挥主体的自主性，积极求教，让自己成为一定社会需要的人的活动。在高等教育人才培养中，自我教育占据了重要的地位。在学校教育中，自学是最重要的因素之一，没有自我教育就没有真正的教育。并且在自我教育过程中，个性化发展与培养也占据了重要的地位。因为自我教育一定是以学生个性发展为基础的主动教育，学生通过对自己的充分观察、了解，最终使其战胜自己，克服自身的缺点，实现个性发展的完善。

对于高校创新型人才的个性化教育来说，自我教育不应该仅仅是学生自己主动学习，而是要在对自己充分的认识基础上，充分发掘自身的兴趣与特长。一方面，大学生的自我教育需要自我觉醒、自我设计，增强自律性、自省性和自主性，有针对性地规划设计；另一方面，对创新型人才的个性化培养，应该是以探究精神为基础的创造性学习。创造性学习带来了创新的结果，同时也不可避免地会激发一个人的自尊感和荣誉感，使其不断朝着更高的个人价值和社会价值的目标前进，这是一种递进的、叠加的学习观念和方法。

（3）教育外部与内部的兼顾性

①在教育外部生态下要因势而动

高等教育所处的外部环境构成了高等教育生存与发展的外部生态，是一种有规律的制约，影响乃至决定着高等教育的发展方向。高等教育的外在规律是教育必须适应社会发展的规律。高等教育既是生产力发展到一定阶段的必然结果，又受一定的政治、经济和文化环境的制约；另外，高等教育对社会发展具有积极的影响，主要表现在人才培养、科学研究、服务社会、继承和创新文化、国际合作与交流等方面。

在"大众创新，万众创业"的大背景下对高校创新型人才进行个性化培养，既是高校个性化教育自身发展的要求，是时代发展的必然，也是高等教育的使命。根据高等教育外部适应性的原理，高校创新型人才的个性化培养也必然要寻求外部生态环境的和谐和平衡，这就要求其在社会、政治、经济、文化等外部生态环境与自身的内在系统之间进行协调和平衡。

从培养目标来看，创新型人才的个性化培养要遵循国家层面的教育目标、学校本身的教育教学目标、专业培养目标等多个层面的协调统一，以应用型大学、研究型大学和教学研究型大学为基础，确定不同的教育教学目标，并与专业发展和课程设置相结合，把创新型人才的个性化教育落实到细致的专业培养目标上。在培养主体方面，高校对创新型人才的个性化培养要注重政校协同、校校协同和校企合作。在政策的引导下，根据转型时期社会发展的需求，把市场作为引导，用文化作为载体，将更多的利益相关者连接起来，并将全球化的视野扩大，从而达到与国外高校合作办学的协同和联通。在人才培养方面，应坚持"协同创新"，促进科技成果有效转化，建立多元化的实践教学平台。

②在教育内部系统中要积极作为

高校创新型人才个性化培养的最终效果取决于高等教育内部环境各要素之间的互动作用。从高校内部系统来看，高校创新型人才的个性化培养需要每个高校教育工作者认清高等教育的特殊性，在培养机制、培养模式、教学内容、教学主体等多个层面上进行协同，为创新型人才的个性化发展奠定基础。

从宏观上讲，要高瞻远瞩地制定创新型人才培养的整体规划，创新自身的人才培养体系，在政策与文化上塑造整体性、系统性，并形成渗透性。在微观层面上，要积极推进个性化教育内容各要素间的融合和突破，把理论教学、实践教育和管理服务教育有机地结合起来，促进大学生的德、智、体、美、劳全面发展，多方面智力协调发展，同时，要将德育过程、智育过程、体育过程、美育过程、劳育过程等涉及的各要素有机结合起来。要借鉴创新型人才培养的有益经验，融合组织机构、激励机制和评价标准，根据自身的发展定位和目标，对个性化培养模式进行创新。最后，在实现教育活动各要素（教育者、教育对象和教育影响）协调发展的同时，促进高校自身的文化、结构、功能等各方面的协同发展。

第七章 高校应用型人才培养模式探究

第一节 高校应用型人才培养概述

一、应用型人才的内涵及特征

（一）应用型人才的内涵

应用型人才和学术型人才是相对的概念，两者在专业领域上存在差异。所谓学术型人才，是指专门研究客观规律，进而发现科学规律的人才。应用型人才是指具有较强的专业知识与技能，并且具有较强的实际应用能力的专门人才。对应用型人才而言，就是要将自身所掌握的专业理论知识熟练地运用到技术管理和技术服务中去。当今社会迫切需要应用型人才，这些人才是产业技术的领袖和建设者，是具有良好技术素养的专业人才，顺应了社会发展的需要，是经济发展的基石。

应用型人才的知识结构以科学知识体系为主，其任务是将已被人们发现并掌握的科学规律应用于社会发展的实践之中，而不是去寻求客观规律的发展。从总体上讲，应用型人才从事与生产、社会生活紧密联系，能为社会创造直接价值与财富的职业。在应用型人才的培养过程中，学科知识的传授仍是最根本的，而培养应用型人才的唯一价值并非仅限于此。高校应根据劳动力市场对人才的需要，在传授相关理论知识的同时，也要适应市场经济的发展，适时地调整专业，同时要注重人才实际操作能力的培养，提高他们的实践能力。为了满足学生的职业发展需要和自我发展意愿，对他们的教育不仅要注重其专业学科知识的学习，更要注重其能力的提高。以职业能力为前提，培养应用型人才的前提是要激发和持续提升大学生的创新能力，激发他们的创新意识，增强他们的创新能力，以此来培养他们的可持续发展能力，提高他们的综合素质。对他们进行多维评价，这与优化经济增长方式的客观规律是一致的。在这样一种应用型人才培养模式下，学校的教学评估标准也要进行相应的调整，不能过分强调教学的学术水平，而应该把更多的注意力放在学生对知识和能力的发展上，以及培养的人才是否符合社会需求上。

（二）应用型人才的特征

应用型人才所具有的特征主要表现在以下四点：第一，熟练掌握本专业所需的基本理论及实用技术，并能适应所从事岗位的工作；第二，能系统地运用本专业相关知识，并具备不断努力学习的意愿与能力；第三，具有较强的洞察力，能够对工作中遇到的问题提出相应的解决方案；第四，有较强的团队合作意识与进取精神，同时也有较强的社会责任感与批判精神。

二、高校应用型人才培养的特征

（一）应用型人才培养的本质特征——专业性应用教育

随着社会分工专业化与精细化的不断发展，各种应用型大学应运而生。教育的发展归根结底取决于生产力和科学技术的发展水平。在现代社会，随着科技的进步、生产力的不断提高，高校的类型与专业也在不断变化。比如，随着科学技术的进步，科技水平越来越高，大学必须设置相应的专业，才能为社会培养出合格的人才。

培养应用型人才必须体现专业精神。专业是指行业或职业之间的分工，直接反映和匹配社会需求。专业是高等教育培养专门人才的基本单位与载体，专业建设的目的在于培养适应社会需求的特殊人才。应用类人才专业建设要从行业需求、就业岗位出发，注重行业背景分析和专业发展趋势分析。当前，培养应用型人才不仅要了解传统行业应用型人才的需求和专业的发展趋势，更要注意信息技术、人工智能、大数据等领域的发展，研究新技术对传统产业的改造和升级以及其对人才需求的变化。在这一转型、升级甚至创新的过程中，许多新产业、新职业应运而生。如果不能预测到这种趋势，提前设置专业和人才培养计划，就会导致新的产业没有人可用，学校培养出来的人也没有用武之地。高校应用型人才的培养必须走专业化之路。

（二）应用型人才培养的过程特征——实践性

1. 切实倡导实践教学

实践教学是高校培养应用型人才的基本途径。强调实践教学并不意味着否定理论教学，而应将二者有机结合，明确"源"与"流"的关系。在应用型人才培养过程中，理论教育始终是源头，有了源头才会有"流"，实践教育才是活水。实践教学能达到两个目标：一是检验理论的存在条件，得出结论；二是注重理论联系实际，使学生在岗位上接受规范、严谨的岗位训练，使学生具有解决复杂工程技术问题的能力。实践教学是培养应用型人才的重要环节，其中，实践教学质量和水平的保障和提高至关重要，实践教学质量的好坏直接关系到培养应用型人才的质量。从专业应用性和实践性的特征来看，应用型人才的培养目标应该是：培养具有一定理论基础，实践能力强，能够处理比较复杂的工作问题，具有较好的沟通和合作能力的人。

2. 根据社会经济的发展定位专业设置

高校教学内容要适应行业、岗位需求，教学方式要体现实践性。应用类专业建设应打破"新装新鞋走老路"的模式。有些高校为了跟上专业发展趋势，迎合社会需求，开设了大数据专业、工业机器人专业、人工智能专业等新兴专业，但在教学手段、实践条件以及办学理念上仍停留在发表 SCI 论文，获取国家社科基金、自科基金等方面，较少投入教育经费，基本不能体现应用型人才培养的本质特征和需要。为了避免这一问题，应用型高校今后在专业设置、专业建设、教师队伍、实习条件等方面都要适应应用型人才培养的需要，形成有别于研究型人才的专业特色。

3. 应用型人才培养以解决工程和管理一线问题为目标

这是对应用型人才培养的"服务性"定位。应用型人才不应仅仅局限于实验室、研究所从事的科学研究，还应具备解决工程与管理一线实际问题的能力。也就是说，应用型人才的培养要把重点放在"怎么做"上。而要使学生具有较高的职业素质，就必须进行大量的实验、实习和实践。

4. 以实用为导向的人才培养，提高毕业生的就业能力

从培养目标出发，实现高质量、高稳定的就业，对于培养应用型人才具有重要意义。要实现高质量、高稳定的就业，必须从专业设置、人才培养流程与

环节、师资队伍、条件保证、开放办学五个方面形成应用型人才培养优势。唯有如此,才能充分发挥其优势,确保学生的高素质和稳定就业。

企业的用人标准是"进得来,留得住,用得上,发展好"。因此,应用型人才的培养一定要符合企业所在行业以及行业发展需求,特别是要重视企业在产业链、价值链上的定位,为企业培养"进得来"的人才;要使大学生"留得住",必须坚持"面向一线"的培养方向;应用型人才还应具备"用得上"的专业技术与技能;最后,应用型人才还需要有持续发展能力,能够不断地深入学习,最终达到"发展好"的目的。

三、高校应用型人才的培养目标

人才培养目标是把人培养成什么样的人的一种期望和规定,体现了意识形态,规定了教育活动的性质和方向,贯穿于整个教育活动。在人才培养目标方面,存在着全国水平、校际水平、学科水平、专业水平等不同层次的差异。党的二十大报告指出:"加快建设教育强国、科技强国、人才强国,坚持为党育人、为国育才,全面提高人才自主培养质量,着力造就拔尖创新人才"。这一重要论述为我国的教育发展、科技进步、人才培养指明了前进的方向,并为高校人才培养目标指明了方向。中华人民共和国成立后,各高校在文理分科的前提下开始按照专业录取学生,并在毕业证书上注明了专业,这充分表明,我国高校人才培养必须与当时的社会需求相适应。而在我国迈入社会主义新时代之后,特别是在当今科技日新月异的今天,互联网、大数据、人工智能等创新科技不断发展,高中时期严格的文理分科逐渐转变为突出学生个性的大类组合选科,高校也随之开展了大类招生,增加了学生二次选择专业的机会。这一切都要求高校要聚焦于战略定位,以社会需求为导向,对人才培养目标和培养方向有一个准确的把握。地方高校应立足于区域经济建设,制定有效的人才培养目标。

(一)不同高校培养应用型人才的目标

就普通本科高校而言,其培养的是具有一般技术与能力的人才;但就高职院校而言,其所培养的人才应该是面向岗位的、具有专门技能与能力的人才。可以这么说,本科院校所培养的应用型人才在相应的产业和行业中适应性强,但是专业能力不够；而高等职业院校能够培养出适应面窄，但在工作岗位上能够胜任"专精"型工作的人才。这反映出不同的应用型高校的人才培养目的不同，对学生能力的要求也不尽相同。

就研究型本科高校而言，其人才培养目标是：培养具有较宽的专业基础，具有较强的学术研究能力和开拓创新能力；要求学生具有自主学习、探索未知、创造创新的能力。

就应用型本科高校而言，其培养目标是培养具有基本专业理论和方法、能胜任本专业工作任务的人才；对学生能力的要求是，能够独立学习，并且能够学以致用。

就高职高专高校而言，其人才培养目标是，培养具有岗位操作技能的应用型专门人才；该专业的学生应具备熟练掌握和运用岗位操作技术的能力。

（二）应用型专业人才培养目标

在我国高等教育制度中，专业是培养人才最根本的载体与基础，其将科研与人才培养相结合。国家与学校提出的人才培养目标最终都要经过专业的培养过程来实现。在我国，专业关系到学校人才培养目标的实现，也关系到学校在专业层面的人才培养目标的实现。在人才培养目标方面，应充分体现国家和学校层面的人才培养目标定位；对于应用型人才来说，专业人才培养目标要体现在三个方面。

1. 专业人才培养的方向

应用型人才专业培养的目标，就是要明确为谁培养人才，要面向行业、产业、企事业单位和岗位，培养出"懂原理，能应用，会操作"的应用型人才。为此，必须改革和提升传统专业，使之更好地适应现代社会发展的需求。以环境工程这个传统专业为例，要将其打造成应用型专业，需要根据行业、产业和企业的实际需要，将信息技术与环境工程专业相结合，运用信息技术、人工智能、大数据等技术，在采样、模型、测算、实验等方面对传统的环境工程专业进行创新，增强其实用性，提高学生对专业理论和实践能力的掌握，同时加强学生的思想道德素质，引导他们树立正确的世界观、人生观、价值观，以满足行业对人才的需求。

2. 专业人才培养的要求

应用型和研究型专业在培养目标上存在差异。在培养应用型专业人才时，要从知识要素、能力要素、素质要素等方面建立基本要求。三者的关系是：以知识为本、以能力为核心、以素质为导向；能力是知识的外在表现，素质是知识内化的结果。应用型专业人才的培养实质上是通过一系列的课程组合，让学生在学习过程中形成自身的能力结构和内在素质。因此，在高校教育中，要明确四个问题，即学生要学到什么程度？培养学生什么能力？这些能力与课程有何关联？通过学习与训练，能培养出怎样的素质？所有这些都要符合应用型专业人才的培养、职业发展以及工作岗位的需要。

有些学校把"专业能力"与"专业技能"混为一谈，"能力"与"技能"虽然相互关联，却有着天壤之别。能力是学生通过学习、实践而内化知识的结果，它具有内在的个性、心理特征，是学生内在的一种个性心理特征。能力是一种抽象的东西，具体体现在具体的技能上。而技能是具体化的，学生所掌握的所有技能都可以提取出来。为此，在培养应用型专业人才时，应把知识、技能、能力、素质和课程等方面进行匹配，才能培养出更有针对性的应用型专业人才。

3. 专业人才培养路径

应用型人才与研究型人才的培养路径存在差异。对应用型专业人才而言，其知识、能力、素质各有不同，需要走"学习—实践—再学习—再实践"的人才培养路径。而实践教学又是培养应用型人才的关键环节。

目前，实践教学在师资配置、课程设置、条件保证、项目资源配置、考核评价等方面存在诸多不足之处。第一，大多数教师由研究型大学转入应用型大学，实践操作能力较差，从教以后，更多的精力放在科研上，很少参与实际工作，所以，在对学生的实践教学中常常显得力不从心。第二，课程体系不够科学，独立设置的创新实践课程较少，实验环节过多，影响了学生实践创新能力的培养。在理论教学中，学生自主学习和探究的实践性活动很少，这就限制了学生综合应用能力的培养。第三，条件保障不足，在教学内容、条件、方法、教材等方面存在较大差异，这对学校后勤保障提出了更高的要求。学生到企业或外地实习，学校要提供交通、住宿、保险、安全教育、组织、协调等各项工作，需要投入相当大的人力、财力和物力。第四，实习资源不足，企业不愿意让学生参与实习，真正走进企业的实习项目寥寥无几，严重影响了实践教学质量的提升。相比之下，哈佛和麻省理工等美国一流大学则提供了进入企业实践的机会，这对人才的培养起到了至关重要的作用。第五，大学生自身不愿意参加社会实践活动，劳动观念淡薄，认为劳动属于体力劳动，不愿深入一线从事具体的实践工作，严重影响了大学生的学业和未来的职业发展。

因此，在培养应用型人才的过程中，一定要把实践育人放在首位，给予实践育人特殊的政策，使教师和一切教学因素都向实践育人倾斜，只有这样，才能真正提高应用型人才的培养质量，体现应用型人才培养的特色。基于此，高校应从学科建设、专业建设等方面加强应用型人才的培养，满足社会对人才的需求。

第二节 高校应用型人才培养体系

一、设置面向行业产业发展的应用型学科、专业

要达到应用型人才培养的目的，就必须建立一套符合当地经济发展需求、符合行业和行业发展需求、布局合理的应用型学科和专业。这就要求应用型院校必须紧紧围绕应用型人才培养目标进行学科和专业的建设。

（一）在学科和专业关系上确立学科建设为专业发展服务的思路

应用型本科院校应把学科建设的重点放在支撑应用型专业的建设上，脱离专业建设对实现应用型人才培养目标的定位是不利的。所以，在学科建设方面要有所为有所不为，即支持应用型学科发展，非应用型学科要少做，甚至不做。

（二）在专业建设中突出应用型人才培养的特色

第一，突出优势专业的应用性。要与教育部实施的"卓越人才培养计划"相结合，选出具有良好基础和实用性的优势专业，加强重点建设，突出特色，努力打造具有较强应用能力的品牌专业。第二，积极开展新型应用专业的建设。应根据社会和经济的发展需求，适时增设市场急需的应用型专业。第三，

要重视培养复合型人才。为满足培养高素质、复合型、应用型人才的需求，应适应学科交叉、全面发展的新变化，探索建立多学科复合型专业。第四，要努力扩大专业的适应性。针对应用型人才"广适应、善应用、能创新、会创业"的特点，满足应用型人才在综合知识和复合能力方面的需求，探索实施大专业和与专业方向相结合的应用型人才培养途径。

二、精心构筑课程体系，体现应用型人才培养特色

课程体系是人才培养模式的核心环节，是培养学生知识、能力和素质的有效载体。如何构建科学、合理的课程体系，成为应用型人才培养中亟待解决的重要问题。但是，由于课程体系设置中存在着偏重基础理论、局限于专业教育、内容与科技发展脱节、实践环节虚化弱化等缺点，造成了培养出的学生存在知识面狭窄、适应性差、动手能力差、创新创业能力差等方面的缺陷。在应用型人才培养的过程中，必须要构建能够体现应用型人才培养特色的课程体系，具体来说，需要处理好四个方面的关系：第一，通识教育与职业教育之间的关系，不应仅限于培养具有专业技能的职业性人才，而是应培养具有健全人格、终身发展意识的"全人"；第二，基础理论教育与专业教育的关系，强调专业教育与基础理论教育并重；第三，科学教育和人文教育之间的关系，使学生在接受科学知识的同时也接受人文精神的熏陶；第四，理论教学和实践教学的关系，在注重专业理论知识传授的同时，尤其要加强对学生实践能力的培养。

三、以培养学生能力为核心，着力构建实践教学体系

应用型人才培养的特色在于构建"能力本位"的教学体系，培养学生能够适应生产第一线的实际工作需求。其教学模式建设的基本思想是：要改变"理论与实践相脱节"的局面，注重理论与实践相结合，突出实践教学系统的构建，使学生从"坐中学"转变为"做中学"。

实践教学体系的构建是一个系统工程，在具体操作中涉及各个实践性教学环节，包括教学内容、教学方式、教学目标和评价机制等。要加强实践教学体系的建设，必须从四个方面进行努力。

（一）强化应用型人才培养理念，突出实践性教学

本着以应用型人才培养为核心的实践教学理念，在制定教学计划、安排课程、组织教学环节、落实实践资金、对实践教学进行考核评价等方面突出实践教学环节在实现应用型人才培养目标中所起的重要作用，切实改变一些高校重理论轻实践的情况。

（二）确立实践教学目标，以培养和提高学生综合能力为核心

为了实现高素质应用型创新创业人才的培养目标，实践教学的目标已经从传统的低层次、简单的实践动手能力的培养，转为对学生的综合能力进行全面的培养和提升，其中包括对学生实际应用能力的培养。学生可以用他们所学到的理论来发现问题、分析问题、解决问题，对创新能力和就业创业能力进行持续的探索和提高，最后形成一种高素质的应用型人才所必须的综合能力。从能力培养的内容类别来看，可分为五大类：基本技能应用能力、专业核心技术应用能力、科研创新能力、就业创业能力和综合应用能力。

（三）构建一体化的实践教学体系

实践教学内容丰富、时间跨度大、实施层次多，所以要把实验教学、实习实训、课程实践、创业创新训练、毕业设计等内容进行一体化统筹安排，将相关的实践教学内容融入课内实践教学、独立实践教学、创业创新活动和社会实践锻炼等模块之中，从而有效地实施实践教学内容。

（四）加强实践教学平台的建设

加强校内实验室、实训中心、实训基地的建设，最大限度地满足课堂实践和一般独立实习的需求；加强校外实训基地的建设，建立校企合作共建实验室和实习实训基地，为加强实践教学提供强有力的支持。

四、高度重视提升应用型人才的综合素质

应用型人才具有较高的素质、较高的能力和较广的知识面，因此，对应用型人才的培养既要注重知识与能力的培养，又要注重素质的提高。什么是素质？总之，素质是指个人将外部获得的知识和技能内化为自己稳定的品质和素养的程度。本质上来说，其主要是指思想品质和精神修养。作为一名高素质的应用型人才，其素质既要高，又要体现结构内涵的综合性，也就是一种综合性

的高素质。这种综合性的高素质大致可以分为两个方面：一是良好的基本素质，主要表现为良好的思想道德素质、科学文化素质和身体素质；二是要有良好的专业素质，主要包括专业素质和专业素养（职业境界、职业精神、职业责任感等）。因为知识的获得和使用、能力的培养和发挥，都离不开他们的责任心、道德水平、心理素质、意志品质等。换句话说，素质特别是思想道德素质的高低直接影响最终的学习和工作效果。为此，要切实提高应用型人才的培养质量，就必须对构成应用型人才培养目标体系的三大要素——知识、能力和素质进行综合考虑，把素质培养内容纳入人才培养方案，以多种途径提升学生的素质，有效地推动知识、能力和素质的协调发展，使应用型人才的综合素质得到真正的提高。

五、建立校企密切合作的人才培养机制

在工作岗位和就业市场上，人才的应用能力和工作经验日益受到重视，这就需要学生在学校中通过实际工作的仿真培训来积累实际工作的经验。要解决这一问题，建立完善的校企合作人才培养机制是培养应用型人才的重要措施和基本途径。目前，成功培养高质量应用型人才的成功途径是校企紧密合作。如美国四年制工程教育采用"工学交替"的方式培养应用型人才，学生在校学习与在企业实习交替进行；英国一般采取"2+1+1"（四年制，即前两年在学校学习，第三年到企业工作，第四年再回到学校学习、考试，取得毕业证书）和"1+3+1"（五年制，即第一、五年任企业工作，第二、三、四年在校学习）的人才培养模式；德国应用型人才培养实行的也是"工学交替"式人才培养模式，四年制八个学期，一般有两个学期在企业学习和实践。这种"工学交替"式人才培养模式能够有效推动大学生面向产业的学习、面向职业资格证书的学习、面向情境的学习、面向工作的学习、面向研究项目的学习以及面向生产任务的学习，促进高素质应用型人才的培养。

六、着力建设一支具有丰富实践经验的师资队伍

教师是教育活动的主体之一，在培养应用型人才的同时也要注意教师队伍的建设，这是培养应用型人才的关键所在。因此，实施应用型教育必须重视专

业教育师资队伍建设。获取优秀教师资源，第一，要加强对在职教师的继续教育，既要其在实践中提高其自身的教学水平，又要让他们参加应用项目研究，增长教学经验。第二，可聘请一批兼职教师，并根据实际教学效果不断进行调整。现代科技知识的飞速发展使高校专职教师的专业知识与技能已不能适应时代发展的需要。这就要求学校从校外聘请具有较高专业技能的兼职教师，以确保学生能够掌握最新的知识与技能。

第三节 高校应用型人才培养模式

一、CDIO 应用型人才培养模式

（一）工程教育改革背景

经济全球化的快速发展对工程教育提出了新的要求。所谓经济全球化，指的是随着科技革命和生产国际化的持续发展，各国之间的经济相互依存、相互渗透，国家之间的生产、流通、分配等方面的联系越来越紧密，并逐渐朝着一体化的方向发展。经济全球化产生于第二次世界大战之后，伴随着新科技革命的推进，经济全球化的出现也适应了信息经济的发展，它的形成是一个客观的历史进程。

经济全球化的内涵包括：第一，贸易与投资领域的全球化；第二，全球范围内的市场体系的推广与采纳。在经济全球化的进程中，这两种发展趋势是并行的。但需要注意的是，经济全球化作为一把"双刃剑"，对中国这样的发展中国家来说，既是机遇，又是挑战。

20 世纪中叶以后，我国的工程教育从注重实践能力的培养转向了对工程技术人员的实际操作能力的考查。随着工程学的发展，工程学教育越来越多地依赖于复杂的分析工具。随着经济全球化的发展，现代企业对毕业生的专业知识要求越来越高，越来越多的人意识到，工程师需要具备良好的团队合作精神、系统分析能力和实际动手能力来适应现代化的工程团队建设，以及新产品和新系统的开发和运用。

在这一背景下，CDIO 工程教育模式与理念随之产生。

（二）CDIO 的内涵

CDIO 模式由美国麻省理工学院、瑞典查尔姆斯技术大学、瑞典皇家工学院、瑞典林雪平大学于 2000 年联合发起，并于同年成立了以"CDIO"为名的国际合作组织，目前世界范围内已有近 100 所大学参与了"CDIO"的工程教育国际合作。CDIO 是 Conceive（构思）、Design（设计）、Implement（实现）、Operate（运行）的首字母，它表示一个产品、系统或过程的整个生命周期，也就是构思—设计—实现运行。CDIO 模式认为工程技术人员的个人能力、人际沟通能力、系统建构能力都要从实际的工程实践中获得。

CDIO 理念是让学生能够在实际的工程实践环境中完成产品、系统和过程等全生命周期活动（即构思—设计—实现运行），从培养目标、课程体系、教学方法、学习方法和评价改进等方面进行了深入研究。在这一理念指导下，相关研究人员提出了"CDIO 愿景""CDIO 教学大纲""12 项标准"等，对工程教育"培养什么样的人""怎样培养人"这些基本问题作出了系统而科学的回答。

CDIO 的核心理念是通过设计、生产和运作满足顾客的需求。这个想法其实不是从工程学教育中产生的，而是从市场学来的。从营销学的角度看，一件产品是先生产出来再卖出去，还是先了解需求再设计生产，这是两个不同的概念。工程教育也是一样，工程师首先要树立起客户的观念，客户需要什么产品和服务，客户的需求点在哪里，客户的痛点和难点在哪里，工程师们只有了解并体验到才能进行产品的开发创新。正如 CDIO 所提出的，工程教育首先要明确企业需要什么人才，明确要培养什么人才，最后才能确定如何培养人才。站在企业的需求方面来看，企业需要的工程人才应具有以下五个方面的素质和能力。

1. 良好的工程技术基础

良好的工程技术基础不是抽象、空洞的概念，其至少应包含数学能力、物理能力和信息技术能力三个方面。数学能力体现了严谨的逻辑推理能力、严谨的程序管理能力和由已知向未知的推理能力。而所谓的物理能力并不是指科学上的物理，而是一种哲学意义上的"物理"，或者说，是一种对事物自身运动规律的理解能力。这一规律以"知识"或者"真理"的形式表现出来，工程师不但要有探索数学之"美"的能力，而且要有把不规则、复杂和无序转化为规律、简单和有序的能力。这对于工程教育来说是一个更高更深层次的课题。

举个例子，学术界在人工智能和自然语言理解领域的共识是，要想让机器翻译或识别人类语言，首先要让计算机理解自然语言，而要实现这一点，计算机就必须具备人类的智慧。当然，经过实践证明，这种方法根本不可行，而且效果也不是很好。从数学角度讲，计算机要理解自然语言，必须对语句进行解析，获取语义信息，而要写出覆盖所有自然语言现象的语法编程集，其计算过程是极其复杂的。

IBM华生实验室工程师在自然语言处理领域取得的成就引起了轩然大波。他们摒弃了以规则为基础的自然语言处理方式，创建了一条以统计为基础的自然语言处理方法，从而使语言由"规则"向"统计"过渡。就像用空气动力学而不用仿生学来制造飞机一样，对自然语言的处理也不再依赖语言和语义，而依赖统计语言。统计语言学的兴起使自然语言处理有了突破性的进展。这体现了工程师通过大数据的统计分析将"不规则、复杂、无序"的自然语言转化为"规则、简单、有序"的统计语言的能力。

在自然语言处理方面，工程技术人员必须具备运用数学工具解决工程问题的能力。与此类似，工程师也必须具有信息技术能力，这不仅指的是"计算机能力"，更包括对信息技术的应用能力，将不规则、复杂、无序的现象化简为可工程化的能力。

2. 良好的设计与运作能力

对于工程师而言，设计出来的产品是好是坏、是否方便顾客使用，是消费者最关心的问题。华为手机的进化史可追溯到2003年，直到2011年，华为才推出了智能手机，不过那时候的智能手机并没有引起太多人的注意，其主要卖点是信号好、续航时间长。但是随着时间的流逝，华为手机逐渐走上了一条蜕变之路，从Ascend P1开始，华为开始将重心放在外观设计与性能提升上，而轻薄的机身以及快速充电的技术更是赢得了广大消费者的青睐。此后，华为手机迅速崛起，在诸多创新技术的支持下保持着优良的性能和操作能力，受到了消费者的追捧，并迅速发展为中国技术领域的领军企业。2019年美国开始对华为实施一系列的制裁，华为不断调整战略、不断创新。2023年，华为Mate60 Pro搭载麒麟芯片强势回归，从设计到生产，采用的几乎都是国产技术,这也是中国芯片产业的强大之处。在产品的设计和运作上,华为始终走在创新之路上,这显示出中国企业的强大与韧性,其产品独特的设计优势更是得到消费者的普遍认同。

3. 交叉学科知识和系统观察能力

许多重大的科学突破都是多个学科的交叉和渗透产生的。学科的交叉与融合是现代科学发展的一个重要特点。自然与社会现象是一种复杂的系统,单从某一角度、某一层次难以揭示事物的规律性,更谈不上深入了解其中的规律。只有从多个角度、多学科地交叉融合,才能形成正确、全面和系统的理解。普朗克是一位物理学家,也是量子理论的奠基人,他曾经说过,科学本身就是一个完整的整体,它不依赖于事物的本质,而取决于人类认知能力的极限。因此,学科的交叉与融合实际上可以看作学术思想的融合、交叉思维的综合。

4. 良好的交流与沟通能力

交际能力包括口头交流和沟通能力、写作交流和沟通能力。我们通常更注重口头交流和沟通能力,但是在实际工作中,企业更看重的是良好的书面交流和沟通能力。对于工程师或者工程技术人员来说,需要进行口头交流和沟通的场合远没有那么多,对于一般的技术人员来说也是一样。

写作通常被看作一种非常重要的基本技能。写作是以逻辑构思布局、组织思路、搜集证据、选择素材,用精确的语言表达,再用观点提炼出结论,这是一个极为严谨的思维过程。这并非一般意义上的叙述,也不是"流水账"式的记载,而是一个思维与语言组织的过程。

与口头交流相比,书面交流有明显的优越性。书面交流的逻辑更为严谨,表达更精确、失真更少、传播更广泛和快速、保存更长久。这些优点对工程师间的交流尤其有利。良好的书面交流能力可以放大工程师在技术研究、开发、创新、沟通等方面所扮演的角色,并把这种角色延伸到管理、营销、财务等各个方面,从而培养出一名优秀的复合型人才。

5. 批判和创新能力

能力的开发和知识的学习是联系在一起的,但是两者并不等同。孔子说过:"学而不思则罔,思而不学则殆。"意思是说,学习了而不深入思考就会迷惑,只是空想而不去学习就会精神疲倦而无所得。实际上,在人才培养的过程中，一个人所具备的思考、辨析、质疑能力要比其学习能力更为重要，并且这些能力最终都需要批判性思维体现出来。

什么是批判性思维？实际上，批判性思维是一种理性的、反思性的思维方式，其决定着人们的信念和行为。一些研究者将批判性思维定义为评价、比较、分析、批判和整合信息。拥有批判性思维的人乐于探究难题，包括挑战大众观念等。实际上，批判性思维的"批判"是理性的、反思的和建构的。批判思维的主要功能在于引导人们摆脱盲从，而盲从的根源有三种：理由的虚假性、推理的不足性和认证的单一性。

作为培养未来工程技术人才的高校，对学生批判性思维的培养至关重要。对于一个创新周期来说，对别人的批判是创新的起点，对自己的批判是创新的终点，并由此开始进入新的创新周期。

CDIO 模式着眼于企业对工程技术人才的需求，其目标是要适应工程技术人才的发展，从而探索出一条构建工程技术人才的培养模式与路径，为培养应用型人才打下坚实的理论和实践基础。

（三）CDIO 模式下的课程体系设计

CDIO 教学模式要结合具体课程设计，才能真正落实到人才培养的全过程。CDIO 模式下的课程体系就是将工程学科知识与专业知识相结合，形成知识、能力、态度三者有机结合的培养课程体系。其特点在于：一是理论知识之间的统一性。课程体系的设计打破了原来各学科之间相互独立的状况，使各学科相互支持、有机连接；二是将理论知识与实践环节有机结合起来，将知识学习过程和能力培养过程有机地结合起来；三是将职业技能和人文素养相结合。CDIO 是一种先进的工程教育思想。从 CDIO 教学大纲来看，CDIO 把文化的类型即科学文化和人文文化看作一个整体，将知识、思维、方法、原理和精神都统一起来，并突出领域的特征，也就是突出系统的实践性这个主要特征，从而最终形成了工程文化教育。

CDIO 教学大纲与专业培养规范相似，也可说是 CDIO 模式的工程人才培养目标体系，其目的在于解决工程教育中"工程专业毕业生应掌握的知识、能力和态度有哪些，掌握到什么程度"的问题。CDIO 教学大纲从知识、个人能力、人际关系能力、系统建构能力等方面进行了细化。CDIO 教学大纲最大的价值就是它的普适性，原则上其可以被应用于任何工科专业，也可以为所有的工程专业提供一定的参考。

传统的课程体系基本上是以学科为中心设计的。如果以 CDIO 教学大纲为指导思想进行课程设置，那么课程体系的组织形式将会有很大的改变，尤其是要增设综合实践类和人文素质类课程。

应当明确的是，要把 CDIO 应用到人才培养中去，就必须以课程大纲为指导，重新构建课程体系，并最终形成符合 CDIO 培养目标的人才培养体系和课程体系结构。

二、OBE 应用型人才培养模式

（一）OBE 理念概述

OBE（Outcome based education）指的就是注重成果的教育模式。OBE 认为教学设计与实施的目的在于使学生在学习过程中获得最终的学习成果。学习成果是指学生经过一定阶段的学习最终能够获得的最大能力，然后将学习成果反馈到教学设计和教学实施中去。OBE 遵循着"以学生为中心"的教育思想，采取了一种逆向设计的教学思想，将教育教学活动的重点放在学生的学习上，认为整个教育教学过程应该围绕着学生期望的学习结果来进行设计、组织和重构。高校要解放思想、放宽视野、循序渐进地培养出符合国际标准的应用型人才，坚持以学生为中心的人才培养思想，根据每一位学生的特点因材施教，让学生把理论应用到生产生活中。在此过程中，学生的创新能力得到进一步的培养。目前，我国正在实施"双一流"建设，而 OBE 人才培养模式具有重要的作用。在如何对学生学习效果进行评估和有针对性地组织 OBE 活动等方面，高校应根据各自专业的特点，在不同层次上进行深入的探索。

（二）OBE 模式的目标

OBE 是一种以学习成果为导向的教学设计，它强调培养目标、毕业要求和课程目标之间的统一和衔接。培养目标要符合学校的定位，并体现出定位的要求以及定位的特色，在培养目标的表述上要区别于毕业要求，尤其要体现逆向设计的思维理念。比如，高校的定位是培养应用型人才，那么在培养目标中如果有"要有深厚的理论基础"这一表述，就不符合应用型人才培养目标的定位，课程目标的设计也将无法实现。表 7-1 显示了应用型和研究型人才的培养目标。相应地，高校应建立起评估机制和评估体系，对高校人才培养目标的达成情况进行定期评估。

表7-1 应用型、研究型人才培养目标表述

应用型人才培养目标	研究型人才培养目标
培养学生具有一定的……学科基础知识；了解……专业理论，掌握……专业的基本方法，具备针对具体问题解决一般工程问题的能力；拥有健康身心体魄，具有较强的合作意识和沟通能力，能主动面向基层和生产/管理/服务一线从事技术/管理/服务工作，具有解决一线生产/管理/服务问题的能力和技能	培养学生具有扎实的……学科基础知识；掌握……专业的基本理论和方法，具备发现、分析和创新性地解决复杂工程问题的能力；拥有健康身心与合作意识，恪守职业伦理；主动面向科技、经济和社会重大需求，在产业、学术和管理等方面发挥引领作用
目标 1：	目标 1：
目标 2：	目标 2：
……	……

在毕业要求方面，要体现出与学校应用型人才培养目标的结合，尤其是不能盲目地照搬国外院校的毕业要求，要把毕业要求和本专业的培养目标、课程目标结合起来，通过完成课程目标，让学生达到培养目标和毕业要求。表 7-2 列举了工程类专业的毕业要求，也可以作为其他专业的参考。

表7-2 工程类专业毕业要求

项目	具体要求
工程知识	能够将数学、自然科学、工程基础和专业知识用于解决复杂工程问题
问题分析	能够应用数学、自然科学和工程科学的基本原理，识别、表达并通过文献研究分析复杂工程问题，以获得有效结论
设计/开发解决方案	能够设计针对复杂工程问题的解决方案，设计满足特定需求的系统、单元（部件）或工艺流程，并能够在设计环节体现创新意识，考虑社会、健康、安全、法律、文化以及环境等因素

续表

项目	具体要求
研究	能够基于科学原理并采用科学方法对复杂工程问题进行研究，包括设计实验、分析与解释数据，并通过综合信息得到合理、有效的结论
使用现代工具	能够针对复杂工程问题，开发、选择与使用恰当的技术、资源、现代工程工具和信息技术工具，包括对复杂工程问题的预测与模拟，并能够理解其局限性
工程与社会	能够基于工程相关背景知识进行合理分析，评价专业工程实践和复杂工程问题解决方案对社会、健康、安全、法律以及文化的影响，并理解应承担的责任
环境和可持续发展	能够理解和评价复杂工程问题的工程实践对环境、社会可持续发展的影响
职业规范	具有人文社会科学素养、社会责任感，能够在工程实践中理解并遵守工程职业道德和相关规范，履行责任
个人和团队	能够在多学科背景下的团队中承担个体、团队成员以及负责人的角色
沟通	能够就复杂工程问题与业界同行及社会公众进行有效沟通和交流，包括撰写报告和设计文稿、陈述发言、清晰表达或回应指令，并具备一定的国际视野，能够在跨文化背景下进行沟通和交流
项目管理	理解并掌握工程管理原理与经济决策方法，并能在多学科环境中应用
终身学习	具有自主学习和终身学习的意识，有不断学习和适应发展的能力

课程目标的实现是高校对培养目标和毕业要求的贯彻，对学生的学习起着至关重要的作用。课程目标指的是课程本身所要达到的特定目标与目的。其对特定教育阶段的学生在经过课程学习后，在品德、智力、体质等方面所期望达到的程度进行了规定，并以此作为确定课程内容、教学目的和教学方法的依据。因此，课程目标是指导整个课程制定的最重要的指导原则。课程目标的确定，首先要明确课程与教育目标、人才培养目标之间的关系，保证这些要求在课程中得到体现；其次，要从学生特征、社会需要和学科发展等多方面入手，才能确定有效的课程目标。课程目标的提出有助于厘清课程编制者的意图，使各课程在注重学科逻辑系统的同时，也将注意力集中在教师的教学和学生的学习上，以及课程内容和社会需求之间的关系上。从总体上讲，课程目标是由知

识目标、过程方法目标、情感价值目标共同构成的。就人才培养类型而言，课程目标可以划分为三类：研究型学习课程目标、应用型学习课程目标，以及技能型学习课程目标，这三者之间存在较大差异。

为了实现课程目标，必须对课程目标的最终实现情况进行评估。OBE 教学模式以学习成果为导向，强调了教学设计和教学目标的达成、学生在教学过程中获得的学习结果。这就要求教学活动，如教学组织、教学评估等，都要把学生的学习成果作为目标，而传统的以考试作为最终评价结果的评价方式已经不能满足对学生学习成果的确认。尤其是对应用型人才培养而言，许多学习成果都要通过实践环节来进行评估与确认，考试成绩评估已越来越不适应对学生学习成果的评估。为了克服传统评估方法的弊端，形成性评估逐渐成为衡量课程目标达成程度的一种手段。

（三）OBE 模式的内容支撑

1. 毕业要求支撑培养目标

OBE 理念下的人才培养目标就是对学生毕业一段时间内期望达到的社会成就和社会贡献的总体概括，毕业要求是指学生经过专业学习后在毕业时必须拥有的知识、技能和能力。培养目标侧重于学生能够做什么，而毕业要求则侧重于学生所拥有的能力，二者之间是结果与前提的关系。表 7-3 和表 7-4 说明了培养目标与毕业要求之间的关系。

表7-3　培养目标

序号	培养目标内容
A	培养目标 1：
B	培养目标 2：
C	培养目标 3：
D	培养目标 4：
E	培养目标 5：
F	培养目标 6：
……	……

表7-4 培养目标与毕业要求的对应关系

序号	毕业要求	对应培养目标
1	毕业要求1：	A/B
2	毕业要求2：	B/C
3	毕业要求3：	B/C/D
4	毕业要求4：	E/F
5	毕业要求5：	C/F
6	毕业要求6：	A/F
……	……	……

也可用矩阵的方式表现培养目标与毕业要求的对应关系，如表7-5所示。

表7-5 毕业要求支撑培养目标的实现（矩阵式）

项目	培养目标1	培养目标2	培养目标3	培养目标4	培养目标5	培养目标6	……
毕业要求1	√	√					
毕业要求2		√	√				
毕业要求3			√	√			
毕业要求4					√	√	
毕业要求5				√		√	
毕业要求6	√					√	
……							

2.课程体系支撑毕业要求和培养目标

课程体系体现了课程类型、学时与学分的要求、课程之间的逻辑关系等，是在培养目标以及毕业要求的基础上而设计出来的，这就决定了课程体系对毕业要求和培养目标的支撑作用。

3. 课程目标支撑毕业要求和培养目标

课程目标体现了课程对学生能力的培养要求，这就为实现毕业要求、人才培养目标提供了支持。从教育者的角度看，就是培养目标—毕业要求—课程体系设计—课程目标，这是一个宏观—中观—微观的过程。站在学习者的角度来看，学生首先学习的是课程，不同的课程组合在一起就形成了课程体系，完成所有课程体系规定的课程学习，达到课程目标要求，就算是毕业了，因此也达到了培养目标的要求。上述两种不同的顺序反映了人才培养在宏观、中观、微观目标之间的内在联系。

第八章 地方高校人才培养模式创新及作用探究

第一节 推进以学生为中心的教学改革

目前，我国地方高校多采用传统的讲授式教学方法，即以教师为核心，而学生只是被动地接受，这种教学方法忽略了学生的真实学习与发展需要，严重影响了地方高校教学及人才培养质量。因此，教师应转变传统的教学模式，使教学的中心由教师转向学生，以学生为主体，使学生的主动性得到充分发挥，从而提高学习和教学的效果。

以学生为中心，是一种更重视学生的主体性、潜能，尊重学生个体差异和需求的教育思想和价值取向。以学生为中心的教学理念主张教学要顺应学生的本性，激发他们的学习兴趣，调动起学生学习的积极性、主动性，让每个学生都能充分发挥出自己的潜能，这样才能提高学生的学习成绩，让他们得到更好的发展。

秉承以学生为中心的理念和价值的教学即为以学生为中心的教学。充分考虑并尊重学生的特征与需求，准确、全面地了解和把握相关的学习规律和需求是以学生为中心的教学开展的基础。

需要注意的是，虽然以学生为中心的教学应尽可能使每位学生的主体性得到充分发挥、潜能得到发掘，但是由于很多学校的教学是依据一定的计划进行的，教学成本也是有限的，时间、资金、物质、人力等各方面教育成本的限制使以学生为中心的很多教学实践为获得最大的效率和效益而在成本、规模和每个学生的发展与需求之间寻求一个最佳的平衡点。由此可见，在判断某一教学实践是否做到以学生为中心时，不能以统一的外显指标为依据，而是应该分析其是否以以学生为中心这一理念为价值取向，教师是否做到使更多的学生积极参与到学习中，学生通过种种学习行为是否完成了学习任务并获得身心发展。

一、以学生为中心教学理念产生的背景及前提条件

（一）以学生为中心教学理念产生的背景

以学生为中心的教学是一种现代化的教育形式，其产生背景如下。

1. 当今时代教育变革的趋向

目前，在教育界存在多种形态的教育变革，教育改革的实践者和研究者试图找出这些教育变革所遵从的规律，引导教师掌握与当今社会发展相符合的教育理念，并找出在这一理念指导下的行之有效的教学方法，从而使教师做到将教育改革的行动和理念相统一。同时，随着时代的不断发展，社会对人才能力的需求也随之产生了变化，当今时代的教育创新也应顺应时代的发展，调整人才培养的目标，有效落实先进的教育理念。以学生为中心就是这一统领目前教育实践和改革理念的"魂"。以学生为中心的教育理念体现了现代教学观，对学与教的过程变革具有重要的指导作用。以学生为中心的教育符合当今时代社会、科技、文化发展的需要。

2. 当今时代适用的教育理念

20世纪90年代，美国卡耐基公司开始关注以学生为中心的实践，这项研究具有很强的参考价值。以学生为中心的教育在美国经历过几次起起落落，这一过程使教师和管理者对以学生为中心的概念有了更加全面、深入的认识与理解。随后，受人本主义理论的影响，很多教育者都开始推崇以学生为中心的理念，认为每个教师都应遵循这一教育理念。

美国犹他州为教师提供了以学生为中心的课程的资源网站，其中有一些优秀的以学生为中心的课程设计与资源；诺斯菲斯大学在2004年开展的一个项目改变了传统的让学生机械地学习书本上内容的教学方式，让学生在真实的情景中学习计算机课程，这有效地激发了学生的学习兴趣，提高了学生合作能力、解决问题的能力以及领导能力；艾米·德里斯科尔（Amy Driscoll）制订了一套评价学生作品的方案，同时将以学生为中心的教学真正用于课堂教学中。我国《国家中长期教育改革和发展规划纲要（2010-2020

年)》中也明确提出了教育工作的根本要求是"育人为本"。

当今社会,科技取得了突飞猛进的发展,这对以学生为中心教育理念的落实具有重要的推动作用。教师可以借助计算机和互联网来关注学生个体差异以及他们各自的需求,将学生的兴趣考虑在内。

如今,社会化网络的迅速发展使学生的个性化学习和社会化学习变成可能,拓宽了学生的学习空间。通过社会化网络进行学习,学生更容易获得与日常生活以及工作密切相关的信息,同时还可以进行相关的实践。

21世纪,在继承和发展20世纪原有的以学生为中心的教育理念的基础之上,教师还能充分利用信息技术的作用,探索更加合理、有效的适用于课堂教学的策略和方法。

(二)以学生为中心教学的前提条件

研究者在以学生为中心教学的研究中对以学生为中心教学的前提有所论述,认为其前提包括如下五点。

一,学生是独特的、唯一的。如果学生参与学习并对学习负责,这时教师应将学生的独特性与唯一性考虑在内。

二,学生在诸多方面,如思维模式、学习风格、学习动机、学习能力、语言潜能等存在差异,教师在教学中应考虑学生的这些差异。

三,学习是一种建构。如果学习内容与学生的生活密切相关,且学生能把新学的内容与过去的经验联系起来,学习便可以更好地发生。

四,学习在以下环境中可以更好地发生:积极的和同伴互动环境;舒适和有序的环境;学生感觉被欣赏、被感激、被尊重以及独立的氛围。

五,学习是自然发生的,学生对所学习的内容好奇并感兴趣,并有兴趣去认识、了解世界。

由上述五点可以明显看出,前面两点强调学生的独特性、学生之间的差异;后面三点强调学习的过程以及怎样才能使学习更好地发生。因此,以学生为中心的教学要求教师要全面了解学生的特征与学习规律,然后据此选择合适的教学方法,从而促进学生的学习。

二、以学生为中心教学的特征

（一）就学生的表现而言

在一个以学生为中心的课堂上，学生的表现主要包括以下三个方面。

1. 学生能够保持持续的注意力

以学生为中心教学的一个重要特征就是，学生可以保持持续的注意力。在课堂中，学生往往将注意力集中在学习上，对教师所讲授的内容充满好奇与兴趣，他们会认真聆听教师的讲解，主动与其他学生进行沟通、交流，同时还会不停地做出相关的学习反馈。

2. 学生能与教师、同伴进行积极的交流与互动

在以学生为中心的课堂上，当教师提问时，学生能对问题进行积极思考，并且能踊跃回答，并能在课堂上做出积极的反应，能清晰表达自己的观点和意见；在学生分组讨论中，学生相互之间愿意交换自己的观点，并对同学提出的问题给予回应；团队中的每一个人在团队中都表现出积极的态度，有责任心，能够很好地完成教师在课堂中布置的任务。

3. 学生积极参与学习活动

学生积极参与学习活动是以学生为中心教学的重要表现之一。在以学生为中心的课堂中，学生都有很强的学习积极性，他们会主动地参与丰富多彩的学习活动，如回答教师的提问、小组学习、自主学习、课堂讨论等。

（二）就教师的表现而言

在以学生为中心的课堂上，教师通常有如下表现。

1. 能经常鼓励学生，并引导学生相互尊重

在以学生为中心的课堂上，教师往往会更多地鼓励学生积极参与课堂教学活动，鼓励他们积极发言，多与同伴进行交流，激发他们对学习的兴趣。此外，以学生为中心的教师能够引导学生互相尊重与肯定。

2. 能够有效调控学习活动的开展

在以学生为中心的课堂上，教师能够对学习活动进行有效的调控，具体表现为以下两个方面。

一，保证学习活动能围绕学习目标展开。在以学生为中心的课堂上，为了

使学习活动围绕学习目标而展开，教师会提供一些工具，如记录单、表格等，给他们搭建一个适当的"脚手架"，让学生逐步地进行学习，最后达到自己的学习目的。在进行学习活动时，教师要仔细倾听学生间的讨论，在发现冲突后及时进行指导，化解矛盾；当学生不知道该怎么做、缺少解决问题的思路时，教师可以提出一些想法，让学生自己去讨论；当学生在课堂上走神时，教师还需要在适当的时候提醒他们，让他们继续进行讨论。

二，保障学习过程有序开展。在以学生为中心的课堂上，教师往往能够使教学有序进行。在组织课堂教学时，教师能依据自己的计划逐步实施，达到预期的教学效果。需要注意的是，课堂上有时也会出现一些突发的教学事件，但是教师往往能够灵活地调整学习活动，适时地对学生进行引导，最终达到学习目标。此外，教师还能对课堂纪律进行有效控制，从而保障学习活动顺利开展。

3. 能根据学生反应灵活调整教学

在教学过程中经常会出现一些突发状况，学生的反应有时会与教师原定的教学计划不符，这时以学生为中心的教师能根据学生的状态灵活地调整教学，以便顺应课堂变化。在以学生为中心的课堂上，教师好像一台监视器，能够监测到学生的细微变化，可以从学生的面部、肢体等方面来发现学生是否在学习上遇到了困难。在课堂教学中，通过对学生情绪或行为变化上的关注，教师可以对教学流程或方法及时调整，便于学生对知识的理解和掌握，提高教学效果。

4. 能够给学生提供明确的、合理的反馈

在以学生为中心的课堂上，面对学生的一些问题或疑问，教师往往能够仔细倾听，认真对待，并能给学生提供明确的、合理的反馈。如果有些问题在课堂上没有时间解决，或不能及时解决，教师会先告知学生，并在课下与学生进行交流。

（三）就课堂环境而言

在以学生为中心的课堂上，课堂环境对学生的自主学习和合作探究都具有重要的意义。其特征主要包括以下两点。

1. 物理硬件环境的布置使学生产生主人翁意识

在以学生为中心的课堂上，桌椅往往以圆桌的形式进行摆放，学生可以围成一圈，互相交流信息，有利于学生的共享与合作，从而更好地完成学习活动。此外，其他一些教室环境布置也体现了以学生为中心的理念。例如，一些班级在教室里配备了计算机设备，学生如有需要，可以通过计算机查询信息。

除此之外，一些教师充分发挥计算机的作用，为学生搭建了网络交流平台。网络交流平台可以用于展示作业，也可以用于学生的课外交流，拓宽了学生交流的空间。

上述环境都使学生成为学习的主体，对学生学习兴趣的激发十分有利。

2. 丰富的学习资源和学习工具有利于促进学生的学习

在以学生为中心的课堂上，教师往往会提供丰富多彩的学习资源与学习工具，教师引导学生了解其使用目的和使用方法，让学生借助这些学习资源和学习工具来顺利地完成学习任务。

教师可以充分发挥多媒体的作用，将教学内容形象地展示给学生，通过动画展示，让学生更好地认识一些动态的原理，这不仅有利于激发学生的学习兴趣，调动学生学习的积极性，同时还节省了很多时间，有利于提高教学效率。

第二节 构建"双师型"师资队伍

一、地方高校"双师型"师资队伍建设

"双师型"教师指具有良好的师德品质、扎实的基础理论知识和较高的学术水平、教学水平，又有较强专业实践能力和实践实训指导能力的教师。目前，学界对"双师型"教师的定义很多，集中为以下三种说法。

"双职称"：指既具有高教系列中职（讲师）以上职称，同时又具有本专业技术系列中级以上职称的教师。

"双证"：指既具有教师资格证书，又有行业技能等级证书。把"双证"作为行业双师的认定标准。

"双能"：指既具有作为教师的职业素质和能力，又具有技师的职业素质和

能力的专业教师。

教师既能讲授专业知识，又能开展专业实践；既是高校的讲师，又是企业的工程师；教师队伍构成既有来自高校的，又有来自企业的。地方高校在人才培养过程中要高度重视"双师型"教师的建设。但长期以来，"双师型"的内涵界定模糊，与高校人才培养的发展需求相比还存在一定差距，在地方高校专业教师队伍中依然存在品德不高、教学科研不强、专业技能不实的教师，严重影响高校人才培养的质量和发展。因此，对地方高校"双师型"教师队伍的建设提出以下建议。

（一）改革专业教师准入制度，建设多渠道优秀人才引进机制

目前，高校教师准入制度大而统，过多考虑学历和学科专业，而缺乏针对性，年轻教师绝大多数从硕士生、博士生中引进，他们从学校到学校，从课桌到讲台，其教学能力、专业实践能力、学生管理及指导能力等方面都处于弱势，与学校人才培养、科学研究、服务社会需要的既有一定的理论基础知识又有丰富实践经验的"双师型"教师要求有较大差距。因此，地方高校在"双师型"教师队伍建设中，要积极拓宽"双师型"教师的引进渠道，引进具有丰富经验，学历达到学校要求的高素质企业技术人员和管理人员，促进高校师资队伍整体素质的提高。

（二）建立校内"双师型"教师队伍培养机制

高校对"双师型"教师队伍的培养更多的是对现有专职教师"双师"素质的培养。一是加强顶层设计，实施"人才强校"战略。把引进和培养教学名师、学术带头人、专业带头人、骨干教师等工程作为引领和带动本校人才培养的重要工作，做到有规划、有制度、有保障。二是高度重视"双师素质"教师培养。一方面加强教学实践，培养教师驾驭教学工作的综合素质，增强其在专业建设、课程建设、实验教学基地建设、教育教学改革等方面的能力。另一方面加强职业实践，培养教师驾驭有关职业工作（岗位）的能力。通过建立和落实教师到企业实践制度，建立"学历教育＋企业实训"的师资培养办法，使高校专业教师进入与专业相关的行业企业，参与企业生产、开发和服务各个具体环节，进而提升自己的实践能力和融入行业企业的能力。三是加强专业教学团队和科研团队建设。通过对教学团队、科研团队的筛选和培养，激发教师的

自我培养意识和团队成员之间的带动帮扶作用。

（三）加强兼职教师队伍建设

随着我国产业经济的快速发展，地方高校教育既获得良好的发展机遇，同时又面临诸多挑战，建设一支"师德高尚、业务精湛、结构合理、充满活力"的专兼职"双师型"专业教师队伍，是地方高校教育与人才培养的迫切需要。因此，在高校"双师型"教师队伍建设工作中，除加强专职教师的"双师素质"培养外，需要高度重视兼职教师队伍建设，聘请企业管理人员、工程技术人员和能工巧匠担任兼职教师，他们不但能给学校带来生产、科研第一线的新技术、新工艺及社会对从业人员素质的新要求，缩短专业教育供给与行业企业需求之间的差距，同时还能带动本校专职教师的发展。所以，建立一支相对稳定的高素质的兼职教师队伍也是高校人才培养师资队伍建设的一项艰巨而长期的任务。

二、"双师结构"师资队伍建设的途径

"双师结构"师资队伍建设要充分体现高等教育的特有规律，坚持走综合发展、灵活实用的道路，结合本校的办学实际情况、结合高等院校办学的特色制定政策、完善制度。应用型高等教育与社会经济联系直接、结合紧密，我们要按照市场经济和行业发展对高等教育人才培养的要求，合理布局教师专业，通过人才引进、在职培训、挂职锻炼、聘请行业兼职教师等多种渠道，优化师资队伍结构，提高师资队伍素质。革新教学人才的聘用模式，在专业建设和岗位设置上以教学能力的培养为目标，向"双师型"教学岗位倾斜。鼓励"双师型"人才的发展，建立起一支有理论基础、有技术应用能力的"双师结构"师资队伍。"双师结构"师资队伍建设是师资建设的重要内容，也是全面提高师资队伍素质的必由之路，更是优化专业设置的必由之路。

（一）合理布局，把好新进人员录用关

学校每年都会有多位新进人员补充到教职工队伍中。从来源结构来看，基本上都是高校的应届毕业生或是从其他高校调入的，从企业和科研单位调入的人员很少。随着教育部对高等院校人才培养目标的明确、办学特色的彰显，高校也充分认识到了师资队伍来源构成的重要性。部分高校在其人员招聘计划中

特意制定相关政策，从企业、行业招聘有实践经验的专业技术人员，可适当放低这些人员的学历学位门槛。对于从其他高校调入的教师，可对其进行技能考核，力争引进高学历、高技能的人才；对于应届毕业生，可以先制订一个制度化的实习培训计划，在校内外实习基地或行业实习挂职单位进行实习培训，实习培训结束后，经所在单位指导老师评估合格后，再签订聘用合同。

（二）加强建设，引进高层次技术人才

在引进专业领域学问高、造诣深、影响力大的领军人物的同时，更要重点引进国内外相关专业、相关领域的技术大师和实践专家，他们可以担任学科专业带头人，他们过硬的专业技术、丰富的人脉资源、丰硕的实战成果及深远的个人影响力对学校的发展将是至关重要的。他们的加入使学校在技术上有人带队、在成果上有人深化、在实训教学上有人指导，从而保证了示范院校建设方案的顺利完成。

（三）聘用兼职，构建专兼结合的师资队伍

学校要培养社会经济发展需要的技术应用型人才，必须实行开放式办学，社会化是必由之路，因此，教师队伍结构也要实现多样化与社会化。我们要积极地从各行业引进实践经验丰富、操作技能过硬，熟悉本地区、本行业情况，具备教师基本条件的专业人才来校担任学校的兼职教师或根据学生的专业要求，分层次、分方向地聘用企业的一线操作人员、专业技术研发人员以及中高层的管理干部等专业技术人才作为学校的兼职教师。根据学生人数、学生的专业以及社会对操作技能的发展要求，兼职教师比例约为专任教师的40%。依据学生专业设置的操作技能的要求，根据兼职教师的层次性、工作性质灵活确定兼职教师的授课形式。总之，要在兼职教师的传授下，形成实践技能操作课程贴近行业操作的特点。兼职教师的聘用一方面能解决目前普遍存在的实践教师数量不足的问题，同时能够保证技能教师有较高的专业水平和专业技能；另一方面有利于盘活教师资源，提高专业建设和课程建设。

（四）走出国门，推进双师队伍国际化建设

随着中国改革开放的步伐加大，社会各行业的国际化程度越来越高，对外贸易的快速发展对人才培养提出了更高要求，这就使地方高校师资队伍的国际化建设势在必行。学校根据市场需要、学科专业建设发展的需要明确培训目

标,选送优秀中青年教师到国外高水平的大学、职业院校培训、进修,到知名研发机构或知名企业参与项目研发、技术设计、创业更新、企业运作。聘请国外高水平的外教或著名企业的高级管理人员来校任教或举办讲座。加强同国外高校院校的合作办学,实行专业对口、层次对等的交流,以加快师资队伍和专业水平的国际化建设。

三、"双师结构"教师的专业发展

高校要根据教育部相关文件精神,结合学校自身情况,按照专业发展需要,做好学校中长期师资队伍建设规划,加强"双师素质"教师的培养。师资队伍建设经费要用于"双师型"教师的培养,同时明确指出培养"双师素质"教师是队伍建设的重要任务。要坚持走一专多能的方向,依据政策引导,开发师资资源,运用现代手段,在分配利益上有所倾斜,鼓励教师向有发展需要、有市场需求的地方"流动"与"转型",使他们承担起促进学校发展的教学科研重大任务。

(一)加强理论教师的技能培训

对学校的现有理论课教师实行以实践能力为主的再培训、再提高,以加强理论教师的动手操作能力。主要做法:一是学校与相关企事业单位签订协议,定期定点选派教师赴行业挂职锻炼,以脱产或半脱产形式参与相关行业工作,积累教学所需的专业技能和实践经验;二是为教师选定行业导师,由行业导师进行一对一培训辅导;三是委托行业对教师进行集中培训,让教师奔赴一线,感受实战;四是鼓励教师参与教育部组织的教师专业技能培训。

(二)加强技能教师的理论培训

理论是教学的基础,技能教师必须有理论的支撑才能顺利开展教学工作,加强对技能教师的理论实训是提高教学质量的关键。来自各行各业的专职或兼职教师,无论他们在行业中的成果如何突出,都是他们自己的成果。教学是要把自己的东西转化给学生,这是两种不同的概念,这中间需要教学的方法与手段。优化教学的方法和手段可以使成果最大化地转化,因此,对技能教师进行理论培训必不可少。学校通过科学的培训、培养制度,以学校和教师双重发展为出发点,根据学校的实际情况进行安排,实行政策上的倾斜,鼓励技能教师攻读在职硕士、博士学位，提高学历，撰写论文，完成中级及以上职称的评审。

（三）加强校企联手，组建创新团队

实行校企合作，鼓励教师为学校、企业和相关技术行业服务。积极转化教师的科技研发成果，在产、学、研的结合上先行一步，组建创新团队，充分利用校内资源，结合市场运行模式，把教学成果、科研成果直接应用到生产上，鼓励教师积极参加相关企业咨询建设工作，走出学校，面向社会、面向生产，参与企业发展的各种工作，为企业提供相关服务，与行业人共同开发应用技术研究项目。产、学、研的结合直接影响教学活动中理论和实践的结合，这种结合必定有利于"双师素质"教师的培养。

第三节　实行产教融合人才培养模式

一、产教融合基础认知

（一）产教融合的内涵及其发展

产教融合作为一个新出现的相关构想，目前尚无统一的定义。传统的产教融合指的是高校把所开设的专业进行社会主义市场经济产业化发展，把产业发展的经验和技术引入教学之中，通过产业与教学之间的融会贯通强化学校和企业之间的合作关系，从而优化传统的办学模式。

《教育部等九部门关于加快发展面向农村的职业教育的意见》中提出一个要求，就是要促进产教深度合作，这个时候产教融合才开始逐渐被国家教育部门所重视，在随后的教育改革和发展中，产教融合逐渐成为大家所关注的重点。产教融合的相关构想是一个从无到有、从模糊到具体的过程，这符合事物发展的一般规律，更加符合教育发展的规律。

在我国教育体系中，产教融合的两个主体是学校与产业行业，通过产学研一体化的深度合作，可以提高人才培养的产教融合的水平，从而实现双赢。传统的人才培养中，学校也非常重视校企之间的合作与协同培养，但是校企合作的层次有限，无法实现深度的人才培养和发展。产教融合与校企合作的最大区别主要还是在于双方合作的程度，产教融合的形式多种多样，其核心是双方要形成稳定、高效、深层次的合作关系，通过提升人才培养的产教融合的水平促进企业发展和高校办学实力的提升。调研发现，有的产教融合助推校企双方建立新的实体创新型人才培养模式，也有的产教融合侧重研发和学术升级。从调研的结果来看，不论哪种形式的产教融合最终都会提升学生的个人素养和就业能力，企业也因此获得了更多宝贵的人才，缩短了人才与企业之间的磨合期。最终所能产生的连锁效应会不断助推区域经济向前发展，从而实现共赢。产教融合让越来越多的用人单位和高校看到了机会和希望，其也非常愿意参与其中，所以产教融合的发展也逐渐进入了快车道。

当前高校在产教融合方面取得了比较好的成绩，但是不同地区、不同类型的高校之间也存在着比较大的差异。经济发达地区产教融合的发展深入而全面，对地方经济的发展也有着重要的助推价值。大家也收获了丰富的产教融合经验，但这些经验具有比较强的地方性和产业性，要想大面积地复制和推广存在一定的困难。

产教融合对于学生、学校、产业和社会来说是一个多方共赢的机制，尤其是对于学生来说，其既能够提升学生专业能力又能够为学生以后立足社会提供保障。传统的高校虽然给学生提供了实习的条件和场所，但是各种条件的限制导致了实习缺乏针对性和激励性。产教融合中有大量的实习、实践机会，而且这种实践是经过专门设计的、有针对性的、与在校期间所学知识融会贯通的实践。传统的高校学生实践的一个很大弊端就是缺乏针对性，这导致了学生所学与所用之间无法实现无缝对接，而产教融合能够弥补传统实践存在的缺点。

产教融合的学生实践就是把课堂所学到的知识应用到实践之中，在课程设计上就存在着对应性，这是一个非常好的现象。产教融合会涉及每一门课程，从专业培养目标入手，学校与企业在充分合作的基础上共同制定培养目标以及课程标准。所涉及的骨干课程均是理论与实践高度相结合，这就可以让学生带着问题学知识，并且在实践中解决问题，从而形成了一个遇到问题、解决问题的良性循环。产教融合培养的学生在动手能力和解决问题的能力上更有优势，能够更灵活地分析问题，选择合理的方法。

在产教融合的过程中，既要使企业真正地参与到产教融合中，又要使企业能够自主创业，使学生成为产教结合的主体；在此过程中，学生可以获得一定的报酬，既为工读结合、勤工俭学创造了条件，又可以解决贫困学生的学费和生活费用问题，为精准扶贫提供支撑和保障。

产教融合在更大层面上能够为助推地方经济发展提供专门的服务，因为对于地方高等院校来说，其所承担的一项重要责任就是要服务于地方经济发展。产教融合的培养思路也是在上述背景之下产生的，为了满足需求而改进相应的教育策略，这是我国教育不断改革、发展和完善的重要体现，也应当受到更加广泛的关注。产教融合的重要参与对象是企业，在融合的过程中要格外注重对企业需求的满足。只有充分调动企业的积极性和资源才能实现产教融合效果的最大化。通过调查发现，目前开展产教融合的企业大部分是生产制造型的企业，这就给学校带来了新的要求，即学校也应该根据企业需要的产品和技术展开研发，从而履行学校培养人才、研发产品和提供技术服务的三大职能。为了让学校的教学跟企业的需要紧密结合，跟上技术发展的方向，高校需要依托并吸纳企业的技术骨干、学者、专家等，共同探讨培养目标，制定教学计划。产教融合的根本在于一个"产"字，也就是要建立在真正的产品制造之上，只有在这种环境下，学生才能学会真正的技能，老师才能教授真正的技能。这种"产"不能简单地局限于工业，而要和教学密切结合，以"教"为目标，当"产"与"学"相结合，逐渐走向产、学、研相结合，高校真正有了产、学、研的能力，与市场的需求相匹配，其所形成的发展能力才能落到实处，才有了做强做优的基础。

目前已经有的产教融合主要是学校和企业根据双方的情况进行深度融合，全社会还没有积累出一套完整的、可以通用的经验。产教融合的发展实际上是经历了一段时间的摸索，学校和企业在探索中寻求最佳的解决途径。在产教融合中，学校和企业始终坚持"双赢"原则，责任共担，这就形成了一种具有约束力的制度保证。其中，一些比较主流的方法就是引入社会上管理和技术较为先进的企业，他们愿意与学校合作，利用学校的设备生产产品，推动学校将教学内容与生产相结合。校企共同制定可操作的产教融合教学生产方案，让教师学到技术，让学生参与生产，让生产出效益，实现学校与企业共同发展、共生共荣。

改革开放以来，我国经济的发展和进步对高等教育产生了深刻的影响，这种影响主要表现在：为高等教育营造了一个很好的学校和企业合作环境，为高校大学生提供了一个找工作和实习的地方，也为高校培养出了一批双师型教师。当然，经济的进步对高等教育的影响远不止如此，实际上中国经济产教融合水平的提升就是依靠人才素质的不断提升实现的。

在经济发展的大背景之下，应用型教育也应运而生，并且加入了高等教育的大家庭。在实践型人力资源理念的指导下，培养合格师资的任务将会更加艰巨。应用型教育要想实现发展目标就要提升校企合作的产教融合的水平、增加校企合作的数量。经济发展、社会进步对教育的需求越来越高，这一需求集中表现为对产教融合人才的需求。因此，应用型高校应该根据地方经济发展的需求，努力为经济发展做出贡献。在社会主义市场经济条件下，高校产教融合是一种产、学、研"三位一体"的结合方式，是一种既具有教育、企业、行业的多重职能，又有学校、企业、行业、社会等多个主体共同参与的新型社会机构，具有推动地方高校改革、促进社会经济发展的重要作用。从这一点上讲，产教融合的发展将对我国的经济发展产生重大的影响，从而对"两个百年"的实现产生重大的影响。

（二）产教融合的特点

产教融合在国内和国外经过了多年的发展，取得了一些经验，在梳理国内外产教融合发展经验的基础上可以总结出其所具有的一些特点。通过文献梳理和国际经验对比可以发现德国的双元制、美国的合作教育模式以及英国的工读交替模式都非常值得学习。我国在产教融合领域也取得了一定的成就，最早的产教融合主要是以校企合作的方式进行的，其中有"学院＋创业中心区""专业＋大型企业""专业＋龙头企业＋企业联盟""职业＋校办企业""专业＋行业协会"等典型模式。以上五个模式均是高校与地方经济发展相适应而形成的，具有一定的产教融合特征。

虽然这些模式在一定程度上推动了高等教育的发展，推动了产教融合的深化，但是，它们侧重于产学结合，所涉及的领域不够广泛，也没有体现出高等教育的高度，学校与企业之间的合作也不够深入，整个生态无法实现产教融合的效应，其成功的经验也很难进行有效的推广与复制。为了与社会主义市场经济条件下产业结构的持续调整与变革相适应，地方高校产教融合必然是产业、行业、企业与各类地方高校等多个主体共同参与的活动特征的综合与反映，并具有新的特征与作用。

1. 立体式融合

社会主义市场经济追求的是多元化发展，产教融合服务于社会主义市场经济，所以其发展的路径也必然要受到社会主义市场经济的影响。产教融合在发展中也更加注重立体式的融合。立体式融合区别于平面融合，从融合的层次来说，校企合作属于层次比较低的融合，也就是平面融合。产教融合是高层次的融合，可以说是立体式的融合，它在产、学、研三个方面展开深入合作，整合后的组织不但具备了为企业创造经济效益的作用，还可以为行业发展培养所需的专业技术人员，为行业的可持续发展提供了源源不绝的智力支撑。将产教融合所培养出来的人才和传统模式所培养出来的人才进行对比，可以看出两者之间有着很大的不同，产教融合模式下培养出来的人才具有更高的可持续发展能力。产教融合也可以为高等院校办学理念的创新提出指导，从而确保高等院校办学水平与产业发展相适应。产、学、研这样的"三位一体"化对经济、社会的发展有很大的推动作用，进而推动了教育的发展与进步。

2. 以企业需求为出发点

教育是以培养人才为主要目标的，早期的教育在人才培养中并不十分注重与企业之间的对接，产教融合在培养目标方面领先于传统的教育。产教融合的出发点是企业的需求，企业参与到人才培养的全过程之中，能够将自身的需求以最大化的形式表达出来，并且在课程设计中得到满足。

一些地方高校在产教融合的实践中存在搞形式、走过场、学校"一头热"等问题，造成这一现象的原因有很多，主要是双方在合作的前期并没有找到可以实现共赢的途径。这种形式上的产学融合脱离了"学"和"用"的本质，"学"不利于"用"。真正实现产教融合的组织能够以企业、学校及相关合作部门的需求为基础，结合当前各种市场的变化，清楚了解市场的供需状况，分析其实际需求，找到一个利益结合点开展相关的合作，不仅能够满足自身的需求，还能够在某种程度上影响市场供需关系的平衡，并根据供需的平衡，相应地调整自身的需求和发展战略，不仅能够有效地解决合作中的随意性和被迫性问题,还能够提高合作双方的积极性和主动性。

3.多主体管理的融合

高校与企业之间的合作是高校与企业重新确定高校与企业之间关系的一个重要方面。在过去,许多校企合作活动很难实现产教融合,最主要的原因就是各主体之间的权利与义务关系不清,这种关系的不明晰造成合作的困难,进而制约了校企合作的发展。产教融合的主体正在悄无声息地改变,从学校向企业、行业转变,这种变化既与当前的社会发展有关,又与教育的进步有关。也正因为如此,在一个高效的产教融合机构中,学校、企业、政府、行业协会等都要分工合作、共同管理,在进行各项活动前要对这些活动中所涉及的权利与义务进行界定,并要为这些活动的结果负相关的法律责任。通过这种方式,不仅可以强化企业对该工作的责任感,让其在该工作中的主体作用得到最大程度的发挥,还可以让学校和合作企业在该工作中的管理工作变得更加合法、有序,避免了产教融合管理工作的混乱。

二、产教融合人才培养的必要性

(一)地方高校人才培养的需要

提高高校毕业生的就业质量是高等教育发展的关键。在培养人才的过程中,高校要做到因材施教,并将理论与实际相结合,才能让学生在毕业后的工作中发挥更大的潜力和优势。地方高校要根据市场的需求来制定人才培养方案,规划人才培养方向,制定人才培养目的。同时,对教学资源的合理配置以及对教学质量的正确评估,也是地方高校培养高质量人才进入市场的关键。地方高校和企业在培养学生方面深入合作,积极与市场接轨,调研分析市场需求,以产教融合为切入点,对地方高校的教学体制进行科学、高效改革,从而改善地方高校的人才培养方式,使各个地方高校都能充分利用自己的长处,把不利因素变成有利因素,为当地的工业和经济发展做出贡献,输送更多的优秀人才。

(二)地方区域经济发展的需要

地方区域经济的发展需要应用型技术人才的支持,地方高校是培养应用型人才的重要渠道,从这里可以看出,地方区域经济的发展与地方高校的发展是一种互惠、双赢的关系，两者相互支持、相互促进。当前，地方区域经济的发展十分需要应用型人才，而我国的人才市场又出现了应用型人才紧缺的现象，出现这一现象的重要原因是现阶段的高等教育过于注重理论课程教学，没有将人才培养目标与行业和市场紧密结合，现阶段的高等教学实践与地方区域经济发展的需求出现了一定程度的脱节。对于地方高校来说，现阶段最重要的一件事就是要树立更高的战略目标，加强产教融合战略的实施力度，更多地关注应用型人才的培养，凸显我国产业转型的必要性与重要性，为地方区域经济的发展培养更高素质、更高水平的应用型人才。

三、产教融合人才培养的实践模式

新时代我国各大地方高校根据所在地的实际情况，制定了多种人才培养方式，其中"产学研""订单式"是比较常见的两种。

（一）"产学研"人才培养模式

"产学研"的概念在我国很早就被提出，并被应用于高校人才培养的教学实践中。"产学研"合作是当前地方高校开展产教融合、校企合作育人的一种比较有效的方式，在高等教育中得到了普遍的运用。其目的在于培养具有较强的动手能力、具有较高的专业素养，并具有一定的核心竞争能力的优质人才。这种人才培养模式可以将学校和企业的资源相结合，实现优势互补，为学生提供教学场地和教学资源。在整个培养过程中，企业都可以参与其中。

"产学研"合作是地方高校普遍采用的一种教学模式，其目的在于在专业设置、课程设置和教学内容等方面与企业需求相适应。换句话说，通过这种方式培养出来的人才才是企业真正想要的，这样就不会出现供需双方无法匹配的问题。

（二）"订单式"人才培养模式

"订单式"人才培养模式是校企双方主动协作，共同研究、制订、实施人才培养计划的一种人才培养模式。该模式需要学生与企业签署用人合同，通过学校与企业合作的方式，双方在技术、师资、实践场地等多个领域对在校生的培养提供支持。与企业签署了用人合同的学生在毕业后可以直接去企业工作，企业会对这些学生提供一些福利政策，并给予他们一定的资金补助。这是一种基于高等院校与企业之间的互相信任的人才培养模式,在这种人才培养模式中,学校和企业之间的合作是自愿的,而企业与高校之间开展的合作教育可以提高学校教师的人才培养热情,提高人才培养的质量。

"订单式"人才培养模式可以从企业的需求出发,以企业的需求作为人才培养方向,以提高学生就业时的定向工作能力。当前,这种"订单式"人才培养模式已经被社会和高校所普遍认同。但是,当前我们在落实"订单式"人才培养模式时还存在着一些问题,比如校企地位不平等、学校对企业的了解不深入等问题,这些问题还需要我们在实际工作中增加沟通,共同努力,制定一系列的措施,使问题得到进一步解决,以便提高人才培养质量和效率。

第四节 提升大学生思想道德素养

要培养担当民族复兴大任的时代新人,高校就必须加强对新时代大学生思想道德教育的全面实施,正确认识新时代大学生思想道德教育所面临的问题并采取有针对性的对策,才能引领新时代大学生坚决抵制错误的思想主张,进而自觉纠正与完善,扣好理想信念这"人生第一粒扣子",让使命担当真正内化于心、外化于中国梦的伟大实践中。

一、大学生思想道德教育所面临的问题

青年是祖国的希望,青年学生在大学阶段是其世界观、人生观、价值观形成的关键期,大学阶段是其走向社会的过渡期,在这个阶段因青春期等原因,他们还不够成熟,那如何处理好个人与社会、理想与现实、学习与工作、纪律与自由等多方面的关系,这就需要大学生具有较高的思想道德素养。然而,目前国外政治环境复杂,意识形态问题依然严峻,尤其是互联网科技、人工智能的迅速发展更是加剧了各种思想的碰撞,使我国大学生思想道德教育面临多重挑战,进一步增加了大学生思想道德建设的难度。因此,只有全面认识当前大学生思想道德政治教育工作所面临的挑战,把问题厘清、把原因析透,才能够把对策落实。

（一）社会经济生活急剧变化给大学生思想道德带来负面影响

中华人民共和国成立以来，在全国人民的共同努力下，国家发展与社会发展的各个层面都取得了辉煌的成绩和伟大的成就。尤其在改革开放以后，社会经济发展水平稳步提升，各项经济发展指标不断实现突破，人民生活水平持续提升。与此同时，社会经济生活也在急剧变化。在市场经济环境中，利益群体日益多元化，市场竞争压力日益增强，各方面的利益诉求也在发生着摩擦与碰撞。社会舆论环境中，拜金主义、享乐主义、极端个人主义等扭曲的价值观念也在流传，对于青年群体的影响不可小觑。大学生群体一方面受到社会舆论的负面影响，另一方面在主观上更加关注毕业时就业的得失以及未来职业规划，加之以往大学生思想道德教育模式存在弊端，导致对大学生群体进行思想道德教育的实际效果不及预期。社会经济生活急剧变化在某种程度上催生了社会公众在心态上的浮躁，对物质财富极度崇拜的歪曲价值观念也在不同程度上侵蚀着大学生群体的心灵，为大学生思想道德教育的顺利推行设置了不小的障碍。

（二）大学生思想道德教育旧有理念与模式制约了教育的创新和发展

以往大学生思想道德教育模式存在可检讨之处，这也是教育效果不尽理想的重要原因。从某种程度上来说，以往的大学生道德教育出现了"脱节"的情况，例如，目标倡导与社会现实的脱节、道德教育与知识教育的脱节、底线性教育与超越性教育的脱节、单向度教育与主体性教育的脱节等。在教育理念上，以往大学生思想道德教育存在功利性倾向，忽略了围绕人本身的道德需求来春风化阳、感化教化的应有思路。在教育方式上，过度注重道德规范的单向度灌输和理想信念的强制性注入，甚至落入了道德说教的窠臼，进而在教育的实际效果上出现了虚无主义倾向。思想道德教育应该以关怀人的心灵、提升精神境界为基础和导向，但以往的思想道德教育理念和教育模式存在一些问题。思想道德教育在内容上应该注重主观世界的改造与进步，但在关注精神世界境界提升的同时更要关注对现状与现实的考察和体认。施行思想道德教育很容易忽略社会环境中的客观现实和受众群体的内心状态，从而很容易陷入"唱高调""空喊口号"的教育误区。因此，我们要积极倡导实现大学生思想道德教育的创新与发展，而总体来看，大学生思想道德教育旧有理念与旧有模式制约了教育创新与教育发展。

（三）大学生群体心理状态的新特征为思想道德教育的实施增加了难度

除前述社会经济环境与旧有教育模式方面的不利因素之外，当前大学生群体的心理状态也为顺利推进大学生思想道德教育增加了难度。随着社会经济生活环境的变迁，竞争压力不断增强，出现了非主流的价值观，大学生群体的心理状态和人生观念也存在一些问题。比如，某些大学生过于以自我为中心，在人生观念和价值观念方面存在偏差，距离社会主义核心价值观以及集体主义的要求存在差距，遇事时往往狭隘地考虑自己的私人利益，而对集体利益及社会利益、国家利益考虑较少甚至根本不予考虑，功利化思想严重，淡漠道德与品质，对人生往往持一种"实用主义"的态度；某些大学生对自我和社会的基本认知严重不足，性格中的韧性和坚毅成分匮乏，遇到一点小的挫折或自我需求与社会需求发生冲突时，就灰心丧气、怀疑一切，陷入了虚无主义的泥淖，甚至产生了一种逆反心理；某些大学生在人生目标与人生理想方面过于贪图享乐与享受，物质欲望膨胀、名利思想严重，进而导致自身的言行与社会通行规范发生激烈矛盾。

（四）新媒体时代的舆论环境给大学生思想道德教育带来新的冲击

通观来说，新媒体就是随着互联网技术、数字媒体技术、移动信息技术等前沿技术的日益发达而产生的各种新兴媒体的统称。所谓新媒体时代，就是相对于以报刊、广播、电视为主流的媒体时代，以各种新媒体为主要信息流通方式与互动方式的信息时代。在新媒体的主要受众中，青年群体（尤其是大学生群体）占据了很大比例。新媒体时代在拓展认知范围、提升参与公共生活的积极性、增强社会主体平等意识、丰富文化娱乐生活等方面都为当今社会成员带来了诸多益处。然而，对于当代大学生而言，新媒体时代也带来了一些弊端，给大学生思想道德教育的顺利推进造成一定冲击。例如，新媒体环境使大学生接收的信息及掌握的知识呈现一种碎片化状态，使其对客观世界的探索显现出肤浅化特征，往往对学习和生活中出现的各种问题缺乏系统性思考和深入性思考，而这对于培养具有较高知识水准的社会主义建设者和接班人是极为不利的。再如，通过新媒体接触到的大量信息往往以视觉化的方式呈现，虽然增加了相关形象的鲜活性，但也可能导致某些大学生过度追求更具感官效果的娱乐，崇尚名利上的攀比和物质上的享受，沉迷网络游戏及低俗娱乐等。又如，如果日常生活中对新媒体过于依赖甚至成瘾，那么相关社会关系也会出现过度虚拟化甚至异化的情况。新时代大学生思想道德教育倡导社会主义核心价值观的培育及高尚道德境界的追求，而新媒体"信息茧房"的特征易被别有用心的人钻空子，通过大数据捕捉个体喜好，并持续推荐相关内容，这就给主流意识形态带来不容小觑的冲击。然而，新媒体环境下既有风险又有机遇。新形势下，地方高校应根据新情况，利用新媒体、新技术等的机遇，营造良好社会舆论氛围，不断改革创新大学生思想道德素养提升的方式、途径等，

二、大学生思想道德素养的提升路径

随着我国经济高速发展、国际社会事务日趋复杂、社会意识形态不断变化、科学技术和生活水平不断提高、高校内部教育形式不断变革发展，当代大学生思想的独立性、多变性、差异性日益明显。大学生自我兴趣选择空间广泛，活动对象众多，思想活跃。同时，其心理易受社会外界的影响，世界观、价值观、人生观呈现出多元、多变、难测的情况，呈现出积极与消极交织、昂扬与颓废并存、热情与冷漠共生的状态。而高素质、高品德、高能力的人才培养是实现高等教育、培养我国社会主义事业接班人的重要保证。这要求高校应该及时研究与之应对的策略，确保高校思想政治教育工作的稳步、有效开展，为祖国的社会主义建设及时输送高素质的人才。

（一）加强马克思主义哲学对大学生思想道德教育的原理引领

马克思主义哲学是马克思主义的重要组成部分，指代的是涵盖了辩证唯物论、唯物辩证法、唯物史观等系统哲学原理的分析社会经济现象的哲学理论体系。而新时代大学生思想道德教育应全面加强马克思主义哲学的原理引领。马克思主义关于世界观、人生观、价值观的基本观点理应成为大学生思想道德教育的原理基础与方向指引。着眼于当前的大学生思想道德教育，教育过程中的马克思主义哲学原理引领还存在较大提升空间。而在基础原理引领方面的缺失一定会降低思想道德教育基本原理与基本理念在教育传输方面的逻辑性和连贯性，进而降低相关教育内容的可信性与可认同性。为此，在未来的大学生思想道德教育模式优化中，一定要在教学大纲与教育教学举措落实中进一步加强马克思主义哲学的原理引领，强调其重要性，增加其比重。要在高校大学生生活

学习中营造马克思主义信仰氛围,从而在高校内部形成一种良好的教育环境。在实践中,要挖掘马克思主义哲学内涵和精神理念,并不断创新发展,积极与马克思主义中国化最新成果相结合、与中国国情相结合、与时代发展需要相结合,拓展高校思想道德教育的深度和广度。

(二)融会贯通新时代大学生思想道德教育的实施途径

思想道德教育与专业知识教育不同,后者在讲授内容与实操训练方面更加具有明确性。大学生思想道德教育的实施途径比较多样,教育效果的评估标准也具有相对模糊性。因此,在未来的大学生思想道德教育中,要进一步创新教育实施途径,并将各种实施途径有机结合、融会贯通,以期形成一种合力,助推整体教育效果的实现。大学生思想道德教育的实施途径主要涉及理论教育途径、实践教育途径、传播教育途径以及自我教育途径。其中,理论教育途径应该成为整体思想道德教育的先导和基础,其任务主要在于将新时代思想道德的基本理念和应用原理讲解清晰并赋予其重要意义,使大学生能够在主观上对相关的思想道德规范拥有理性认识;实践教育是整体思想道德教育的关键,思想道德水准的衡量与提升应定位于实际行动,在行动中培养坚定的信念、在行动中锤炼优秀的品格;传播教育途径具体包括集体传播途径、社会传播途径、信息网络传播途径等,其主要功能在于设定某种特定的环境以及烘托某种特定的气氛,将思想道德建设融入社会经济生活及社会文化生活;自我教育途径是整体思想道德教育的落脚点,无论思想道德教育的过程如何,最终都要归于受教者的自我教育,使之能够实现自我意识的更新、自我反思的跟进、自我选择的优化,从而不断提升思想道德水平。

(三)不断创新新时代大学生思想道德教育的实施方法

除了教育途径方面的整合与融合,新时代大学生思想道德教育在实施方法方面也要围绕着教育目标不断实现创新与优化。

一,要把原理阐明法做实。大学课堂上的思想道德原理的讲授,如果不注意方式方法的创新,就很容易落入空洞说教、居高临下的窠臼,反而容易催生大学生的反感与逆反心理。在课堂说理中,一定要注重大学生作为道德主体的主体性特征,一定要立足其面临的客观现实,善于寓教于事、教于无形,并在描述方式上力求形象、生动及具体。

二，要把情感感化法做精。常言道，动之以情，晓之以理。任何说服或教育离开情感层面的感动与感化，都是不可能充分实现的。思想道德水平的提升必然包含情感的因素，思想道德教育的推行也必然要以情感为依托，因此，大学生思想道德教育要注重情感对人的主观世界的调节作用，在具体方法与技巧上要做精做透。对大学生群体要充分理解与尊重，不能盛气凌人甚至颐指气使，要帮助其解决思想和实践上的问题，情理交融、循循善诱。

三，要把激励激发法做足。在新时代大学生思想道德教育中，要深切把握大学生群体的行为动机，提升其追求崇高人格、坚定理想信念的积极性，不能仅仅将其看作批评和改造的对象，而要充分关注其作为道德主体的主观能动性。

四，要把楷模感召法做准。榜样的力量是无穷的。在思想道德教育实施中，要注重正面典型的树立，精准定位、确立标杆，通过示范效应来引导大学生形成正确价值观和人生观，通过鲜明的形象和鲜活的事例来感召大学生向先进学习、向楷模靠拢。

五，要把异常转化法做细。对于那些思想道德水平较低的大学生，教育者要切实担起责任，重点关注、耐心细致，多种途径帮助其解决价值观与人生观异常的问题，发扬其性格中的优点，转化其品性中的不足。

六，要把心理治疗法做专。大学生思想道德教育的施行者可以充分借鉴与引入现代心理咨询与心理治疗方法，以增进大学生心理健康为路径，助力思想道德教育工作深入推进，将心理调适与思想品德涵养充分结合，不断提高自身专业水准，持续提升思想道德教育的实际效果。

（四）积极应对新媒体时代对大学生思想道德教育提出的挑战

新媒体在当今时代的日益发达已经成为大势所趋，虽然对新时代大学生思想道德教育提出了某些层面的挑战，但面对这一发展趋势，教育者应积极应对筹划、冷静分析症结、实事求是思考、审慎制定策略。

首先，要在新时代大学生思想道德教育中全面倡导与植入正确的信息伦理观念，从根本上确保新时代大学生群体在思想道德培育与形成方面不出现偏差。新媒体是网络信息技术进一步发展的产物，新媒体时代必然呼唤与之相适应的信息伦理观念，而之所以当今的新媒体在社会影响方面出现了很多负面效应,在很大程度上也是因为信息伦理观念的更新与普及并没有完全跟上时代的步伐,因此,在新时代大学生思想道德教育中,一定要强调信息伦理观念的培育与树立。一方面,要将社会主义核心价值观、中华优秀传统文化相关理念注入其中,在新媒体时代中予以继承与弘扬;另一方面,也要深入研究新媒体环境的新特点和新趋势,建构较为成熟、稳定的信息伦理观念体系,并将之纳入新时代大学生思想道德课程体系,推动信息伦理教育成为大学生思想道德教育的重要组成部分。

其次,要全力打造助力正确思想道德观念培育与形成的主流新媒体网络信息体系。积极应对新媒体时代带来的挑战,仅仅在理念上进行倡导与在大学生思想道德课程中进行布局还远远不够,思想道德教育与其他专业知识教育不同,其与道德主体的社会经济生活息息相关,而新媒体在大学生群体日常生活中的影响又无处不在。因此,为了与全社会范围内新媒体带来的负面因素形成有效对抗,相关教育部门及各高校应该投入更多资源来打造属于自己的主流新媒体网络信息平台与系统,并使之能够为大学生群体广泛接受,以传播正能量、普及新观念,积极建设主流媒体与新时代大学生的精神家园。

再次,采取科学而有效的手段全面加强对新媒体网络环境中大学生思想道德相关网络舆情的监控与引导。基于信息网络及新媒体的相关特点,加之大学生心智成熟程度不够,很多情况下,大学生群体在网络平台及新媒体中会发表过激言论或不负责任的言论,进而给社会舆情造成不利影响,也不利于思想道德教育的推进。因此,相关部门及各高校有义务与责任建立相关机制,采取科学而有效的手段全面加强对新媒体网络环境中大学生思想道德相关网络舆情的监控与引导。一方面,要实时进行监督和控制,能够及时发现问题并及时解决问题;另一方面,要实施有效引导,将网络舆情控制在安全范围内,以免舆情失控等恶劣情况的发生。

最后,要持续发力建设一支精通新媒体思想道德教育技能的专业师资队伍。由于新媒体具有很多传统媒体不具有的新特点和新属性,传统思想道德教育模式难以与之相适应,那么在下一步大学生思想道德教育整体工作中,就应该努力建设一支精通新媒体思想道德教育技能的专业师资队伍。这支师资队伍的组成,一部分是精通管理技能的管理者,全面负责包括主流新媒体网络信息平台在内的各种新媒体硬件与机制管理；另一部分是精通教育教学技能的专业教师，专职负责新媒体时代背景下大学生思想道德教育的具体教学活动及实践活动。两方面的专业人员互相支持、互相配合，共同致力于新媒体领域中大学生思想道德教育整体工作不断向前推进。

第五节　提高大学生创新素质

一、创新素质的内涵

人的心理会随着社会环境、成长经历、受教育水平的不同而不断地改变，所以个人的素质并非一成不变，而是会受到各种主客观因素的影响。素质的培养不是绝对的，也不是一成不变的，会随着时间的推移而变化。素质反映了一个人对社会特性的接受程度，这除了要培养主观意识，还要注意客观环境与条件的影响。对尚未形成独立人格的孩子来说，教育是很重要的。利用可控因素可以正确引导儿童，使其形成良好的素质，成为对社会有用的人才。

创新素质是指人在先天遗传素质的基础上，后天通过环境影响和教育获得的、稳定的、在创新活动中必备的基本心理品质和特征。

二、创新素质的结构要素

一个人要具备创新素质，首先要具备一定的知识技能，其次要具备一定的技术技能。只有具备了专业的基础知识，才能实现自己的先进理念。创新素质的构成要素有创新意识、创新能力和创新人格。要为我国培养创新型人才，必须把培养学生的创新思维作为教学中的重要目标。

（一）创新意识——动力系统要素

创新型人才首先要有创新思维，只有思想走在时代的前列，才能引领人们的行动。高质量创新思维的生成需要一种先进的意识，并用这一种意识引导具体的实践操作过程，而创新意识的形成是建立在人们对当下生活的不理想和对未来生活的幻想之上的。创新的事物是在现有事物的基础上，按照时代的需求而形成的一种新的事物，其更适合当前的社会发展，能够引导具体的生活，给我们的生活带来更多的方便和丰富。

时代在变迁，社会在不断前进，生活中的每一件事情都在不断地推陈出新。比如石器时代的生产方式和现在完全不同。这是人们发挥自身创新意识，并与实际操作相结合的结果。任何创新的东西都是以原有的东西为基础，并且改造原有的东西中不合理的部分、继承优秀的部分，再与自己的先进思维相结合，创造出新的东西。

人只有在不断地生产生活中，才能发现周围事物的不合理之处，并根据时代的特点对其进行改造和优化。当今社会各个领域的领军人物都在自身的领域内不断地革新着。人们进行创新的最主要的目的就是让自身的工作和生活变得更好，并使原有的利益变得更大。追求创新是人类社会发展的标志，只有不断地创新，社会才能不断完善，人民的生活水平才能提高，人们的思想才会越来越先进。

（二）创新能力——运作系统要素

创新能力是指拥有先进的思想意识，能够对周围已有的事物有新的发现，并把自己的思想和实际生活结合起来的能力。这种能力还能去除原有事物中不合理的部分，对不适应时代发展的部分进行改造优化，从而保留好的部分，更新不适合发展的部分，让整个事物适应社会的发展。创新能力包括三个要素：感知灵敏性、创新思维和操作能力。

1. 感知灵敏是具备创新能力的根本条件

想要对事物有新的认识，就必须要有敏锐的感知力。感官敏锐的人可以通过视觉、听觉等方式对周围的事物有更多的新发现，发现普通人所不能发现的东西，并用自己丰富的想象力去想象事物，并创造出新的东西。感知灵敏度是指当人在面对大量的信息和数据时，大脑会自动过滤自己不需要的东西，然后选择自己想要的东西，并且能够在大脑中迅速地形成具体的认知，熟练地掌握事物的各种特征和它们的性质，能够快速发现事物的适应性和不适应性，并根据时代的发展特点对事物进行优化和改造。人体各感觉器官的灵敏性是一个人是否具备创新能力的根本条件，只有具备了这种天赋，才能在创新方面取得更大的成就。创新本身就是一种超越现有事物的东西，所以必须有比普通人更敏锐的观察力与想象力，才能创造出新的事物。

2.创新思维是创新能力形成的高级条件

如果说灵敏的感官是创新能力的基本条件，那么，创新思维则是创新能力形成的高级条件。创新就是当人在解决一个问题或者还没有发生的问题的时候，能够想出一种或多种有别于一般方法的方法，这样就能为解决问题提供更多的方法和角度。在有了这样的思维能力之后，就能找到更多解决问题的方法，而且不会被一般的思维模式所束缚，能从不同的角度去解决问题。具有这种思维能力的人必须跳出常规思维，不能以常人的思维方式去思考问题，要在常人思考问题的角度之外，从其他多个角度去思考问题。有了这样的思维能力，就能更好地提高自身的创新能力。

3.操作能力是个体有意识地调动自己的外部动作

当感官足够敏感，同时又具有创新思维时，就需要进入实践操作阶段。只有提升了自己的实践操作能力，才能将这些想法付诸实践，才能更好地解决实际问题，这也是对学生创新能力培养的重要意义。通过培养学生的思维和认知，提高学生解决问题的能力，在不断的实践操作中既锻炼学生的创新思维，又能让学生对书本上的东西有更深的认识。操作能力的培养与前两部分能力的发展相辅相成，学生既能在操作中获得实践能力，又能提高思维与认知能力。因此，操作能力的培养在整个创新能力培养中占有举足轻重的位置。

（三）创新人格——调节系统要素

创新是一种实践性活动，光有动手能力是远远不够的，还必须有创新性的人格。通过从小不断地接受培养，提高自己的认知水平，同时还需要有一定的创新能力，才能在积极、正确的指导下，开发出自己的创新思维。在不断地思考和解决问题的过程中，不断地进行创新思维，最终形成具有创新的人格。只有在意识层面有所提升之后，才能在实践过程中中找到解决问题的方法。开朗的性格是形成创新人格的关键之一，因为开朗的性格能极大地提高人际关系和各种艺术能力，对形成创新人格有着重要的影响。

高质量的创新意识是形成创新人格的核心，能为人创新思维的形成提供支持。坚韧的意志和不屈不挠的精神会给人们更大的动力，让他们不断地进行练习。因此，毅力对创新意识的培养也具有非常重要的作用。

三、大学生创新素质培养的现状分析

（一）创新意识不强

各大高校作为国家培养人才的重要基地，更应该注重培养学生的创新意识。但是，从统计数据来看，处于大学阶段的学生创新意识较弱，没有形成独立的创新意识，做事时缺乏独立思考的能力，对父母和教师存在着依赖性。这就造成了学生创新意识得不到提高。当前高校对不同专业实行分类教学，所以学生的思维很容易僵化，不能用发散性思维来思考问题，这就导致了他们在实践操作中不能形成更多的创新思维。有些大学还在沿用着传统的教学模式，即教师讲课，学生听课，没有给学生太多的表现自己的机会。学生在课堂上所要完成的任务大多数是由教师布置下来的，很少有自己独立思考的机会，这就造成了学生不能形成创新意识。

要改变这种状况，就必须将创新思维培训的内容加入大学的课程设计，系统地训练学生的思维，使学生能够从多个角度、多方面去思考问题，鼓励学生提出多样化的方案，以此来锻炼学生自身的思维能力，使其逐步形成创新思维。在具体的教学任务中，教师要能够给学生提供更多的独立展示的机会，使学生能够凭借自己丰富的想象力和较强的动手能力形成独立的创新思维。高校要给学生更多的思考空间，让学生有更多的时间去进行多角度分析，这对培养学生的创新思维有着很大的帮助。

（二）创新能力较低

创新能力由两个方面组成，即创新思维和操作能力，想要培养学生的创新思维，接下来要做的就是提高学生的实际操作能力。只有学生有了独立操作能力，才能把自己的想象变成现实。当遇到问题的时候，学生要从不同的角度和方向去思考，才能有效的解决问题。要使学生具有较强的动手能力，其就必须掌握较多的知识和技能，为创新能力的形成奠定基础。在学生的知识储备达到一定程度后，其才能重新思考和定义事物，并在此基础上形成创新意识，运用已有的知识和技能开展实际操作。但是，当前各高校学生所学专业较为单一，实践操作能力较差，导致其创新能力不强，不能开展实际操作。

（三）创新人格不够健全

创新型人格是由较好的知识储备和较强的实践操作能力构成的，只有在不断地探索和发现事物的过程中提出自己的创新想法，才能逐步形成创新人格。在创新人格形成过程中，要注重专业训练，让学生的思维得到更好的锻炼，才能使其逐步形成优质的创新人格。但是，目前高校学生缺乏动手实践的机会，对创新内容的认识不够，对创新的兴趣也不高。因此这就导致当前大学生所展现出的创新人格还不够完善，不能成为创新型人才。

一，求实精神比较突出，但缺乏进取和张扬的个性。由于目前教育界应试教育开展情况较为严重，学校更注重学生的学习成绩和理论知识的掌握，而忽视了培养学生的思维能力。因此，学生在学习过程中通常只会注重理论知识的学习，缺乏独立动手和独立思考的能力，这就妨碍了创新型人才的培养。

二，部分大学生意志薄弱，缺少拼搏精神。由于现在的社会生活水平越来越高，这就造成了现在的大学生缺乏吃苦耐劳和坚忍不拔的精神。这种现象表现在学生在学习过程中稍有困难就想放弃，意志不坚定。这样就会导致学生在培养创新思维的过程中产生退缩抵抗的心理，这对提高学生自身的创新能力是十分不利的。

四、大学生创新能力培养的实践路径

在知识经济与新技术革命迅猛发展的背景下，如何有意识地挖掘与培养大学生的创新潜力，已成为各国高校人才培养的起点与归宿，其中，将创新能力培养纳入人才培养目标体系是一种重要策略。具体而言，可以从以下四方面开展具体工作。

（一）改变传统的教学理念

要改变传统的教学模式，教师首先要改变自己的教学理念，树立"以学生为中心"的新的教学理念。在教学准备阶段，教师要把重点放在对学生的研究上，注重对学生的实际情况的全面了解。例如，学生的文理科背景、专业背景、综合能力、个体差异等基础资料，针对学生的实际情况，有计划性地开展教学工作，以有效地激励和引导学生主动提出问题，开展探索性学习，逐步培养大学生的创新能力。此外，教师还要在课堂以外用各种方法来加强和学生的交流，以此对学生的变化有一个全面的了解，这样才能获得学生的信任和理解，这对激发学生主动学习具有重要的促进作用。

（二）构建以学生参与互动为导向的教学模式

在引导学生发现问题和解决问题的过程中，教师要注重引导学生使用批判性思维。教学改革的目标是对传统的教学模式进行彻底的变革，改变"教为导向"的以传授知识、解决问题为主要内容的教学模式，建立"学生参与互动教学"的教学模式，引导和激励学生在课堂教学中积极参与，鼓励学生多用批判性思维去假设性地问很多问题，通过个人展示、小组讨论、班级辩论等形式让学生自己去发现问题、解决问题。在教学改革的各个环节都要培养学生的批判性思维，相应地，教师的角色也要逐渐由主角变为配角，只有这样，才能更好地培养学生的创新能力。

（三）重视评价方法，强调过程性评价

教师要想提高教学效果，就必须对教学评价方法进行创新。在进行教学改革的过程中，教师要结合自身的专业特点，大胆地尝试建立一种以过程性评价为主的教学评价方式。只有用整个教学过程中学生全程参与体验的评价指标进行评价，才能客观地反映出学生对于所学知识的理解、掌握及其解决实际问题的能力，从而改变以往由教师直接传输给学生知识的被动局面。例如，通过学生出勤＋个人平时作业＋课程论文＋学生个人课堂展示＋课堂小组讨论＋课外小组实践报告＋期末考试等多种方式来评估学生的综合成绩，实施以过程性评价为导向的评估模式，提高过程性评价要素的比重，逐步引导学生开展自主、探索性学习，在潜移默化中培养学生的创新能力。

（四）提高实验和实践教学的比例

高校课堂教学以理论教学为主，加之课时有限，难以把理论知识转化为实际应用。而实验和实践教学则是对课堂教学的一种有益补充，利用实验和实践课指导学生把所学理论知识和实践有效地对接起来，激发学生对理论知识的深入思考，使学生在掌握理论知识的同时，激励学生以自主创新的方式去解决问题。因此，在以后的教学中，高校需要增加实验和实践教学的比例，让学生在实验和实践中亲身动手，从而培养学生的创新能力。

第六节 提升大学生创新创业能力

实现社会主义现代化、实现中华民族伟大复兴需要一批又一批德才兼备的有为人才为之奋斗。青年一代有理想、有追求、有担当,要扎根中国大地了解国情民情,在创新创业中增长智慧才干、锤炼意志品质,用青春书写无愧于时代、无愧于历史的华彩篇章。

一、创新创业的含义和特征

创新创业由"创新"和"创业"组成。创新是以新思维、新发明和新描述为特征的一种概念化过程。创新有三个层次,即基础性创新、支撑性创新和应用性创新。创业是不拘泥于当前资源约束,寻求机会进行价值创造的行为过程。

创新创业的特征主要表现在以下三方面:

一,高风险。创新创业是建立在创新基础上的创业,但是创新受到人们现有认知、行为习惯等方面的影响,会面临比传统创业更高的风险。正如现代管理学之父彼得·德鲁克所言:"真正重大的创新,每成功一个,就有99个失败,有99个闻所未闻。"

二,高回报。创新创业是对已有技术、产品和服务的更优化组合,对现有资源的更优化配置,能够给人们带来更大的新价值,从而开创所在领域的"蓝海",获取更多的竞争优势,也获取更大的回报。

三,促进上升。创新创业是在创新基础上的创业活动,创新是创业的基础和前提,同时创业又是创新成果的载体和呈现。

二、创新创业的意义

创新创业是发展的动力之源,也是富民之道、公平之计、强国之策。

首先,从综合国力角度上看,创新创业是我国生存和发展的需要,有利于提高我国的综合实力。当前,全球新一轮科技革命和产业变革蓄势待发,我国经济进入速度变化、结构转型和动力转换的关键时期。面对新的形势,我国必须深入推进大众创业、万众创新，着力营造有利于杰出科学家、发明家、技术专家和企业家不断涌现，以及大众创业、万众创新蔚然成风的社会环境和文化氛围，让每一个充满梦想并愿意为之努力的人获得成功，实现经济平稳持续增长、国家强盛、人民富裕和社会公平正义。

其次，从经济转型角度上看，创新创业是坚持创新发展、实施创新驱动发展战略的关键实现途径，有利于推进供给侧结构性改革，促进我国经济发展。大众创业、万众创新可以大幅增加有效供给，增强微观经济活力，加速新兴产业发展，又可以扩大就业、增加居民收入，还可以促进社会纵向流动和公平正义，是经济发展的引擎。

最后，从个人发展角度上看，创新创业有利于缓解学生就业压力，使其实现个人价值与社会价值。创新创业有利于解决就业难的问题。毕业生通过自主创业，可以把自己的兴趣与职业紧密结合，做自己最感兴趣、最愿意做和最值得做的事情，可在五彩缤纷的社会舞台上大显身手，最大限度地发挥自身才能。同样，创新创业意识和能力的培养也有助于学生不断完善自身的知识和能力结构，更好地完善自我、适应社会，从而实现个人价值与社会价值。

三、提升大学生创新创业能力

（一）构建整体融合的育人机制

高校开展创新创业实践活动、培养学生的创新创业能力，需要构建整体性思维，在育人机制中坚持政治引领、价值引领、文化引领和专业引领相结合，形成整体融合的育人机制。在创新创业教育中，高校可打造学院、教师、平台、团队"四位一体"的创新创业实践服务体系，全方位、全过程地将创新创业教育与德育工作相结合、与实践育人相融合，有效提高学生的创新创业能力，如组织学生参加志愿服务等社会创新实践活动，为他人提供创新创业政策咨询、技术支持、专业培训等，培养学生的创新精神和爱国主义情怀。高校通过营造浓厚的创新创业整体氛围，引导学生在创新创业实践中成长成才。

（二）整合多方互补的优势资源

高校组织开展创新创业劳动实践需要整合多方资源，实现与政府协同、与企业协同、与社会协同。一是与政府协同，制定创新创业教育相关政策。学校需要与政府紧密联系，依托政府提供的政策优惠、资金扶持等，将创新创业教育与大学生思想政治教育紧密结合。二是与企业协同，关注大学生未来的职业发展。学生创新创业实践活动不能只局限于理论、局限于"象牙塔内"，而需要把握市场动态，了解企业需求。只有与企业展开联系与合作，才能促进创新创业活动与社会融合、与市场融合，从而为创新创业教育提供动态的、持续的资源支持。三是与社会协同，注重与社会实践相结合。学校需要结合专业设置、学生特点等情况，加强与不同地区、社区、乡镇等区域资源的协同，为学生提供创新创业劳动实践的机会，以培养素质高、创新创业能力强、具有国际视野和扎实基础的高质量人才。

（三）形成多层递进的教学链条

在创新创业教育中，教学是重要的一环，影响着学生创新创业能力培养的质量。高校在培养学生创新创业能力的过程中，应形成多层递进的教学链条，打通学生、教师、课程、项目之间的关系。一是遵循学生的成长成才规律，打造"基础层—突破层—实战层"的学生成长发展轨迹，多层次、递进式培养学生的创新创业能力。二是发挥教师的引领与指导作用，打造"启蒙型导师—应用型导师—高层次人才导师"的梯度结构，更好地为高水平创新创业人才的培养提供教学支撑。

（四）搭建多阶互促的产学研平台

在社会服务实践中培养学生的创新创业能力，可搭建多阶互促的产学研平台，推动产学研紧密结合。一是构建多层次的创新创业竞赛及服务体系，打造校内外联合的赛事平台，致力于学生创新创业能力的培养。二是形成"N+1+N"一体化的创新创业实践育人平台。第一个"N"是指二级学院创新工作室、大师工作室、教授工作室等，对学生进行创新精神、创业意识和创新创业能力的思维引导教育；"1"是指校内学生创新创业训练与孵化基地；第二个"N"是指协同政府、企业等的资源建立的校外创新创业实践育人平台。三是建设学生创业社团等平台。高校可依托大学生创业社团，为学生提供交流研讨、团队协作以及参与创业实践的机会，培养学生的创新创业能力；可搭建假期创业实践平台，组织创业经验交流会等，帮助学生通过寒暑假的创业实践培养创业意识，积累创业经验，提升创业技能。

参考文献

[1] 何卫华,林峰.大学生劳动教育理论与实践教程[M].厦门:厦门大学出版社,2019.

[2] 王雄伟.大学生劳动教育[M].北京:化学工业出版社,2021.

[3] 梁虹.我国城市生活垃圾分类存在的问题及对策研究[D].重庆:重庆大学,2017.

[4] 王任祥,傅海威,邵万清.应用型人才培养教学改革方案——基于港口物流应用型人才培养探索与实践[M].杭州:浙江工商大学出版社,2019.

[5] 孙跃.应用型人才培养体系建构研究[M].武汉:华中科技大学出版社,2021.

[6] 陆丹.大学创新创业教育与应用型人才培养[M].上海:上海交通大学出版社,2020.

[7] 李爽,陈丽."以学生为中心"的教学原理与实践指南[M].北京:中央广播电视大学出版社,2011.

[8] 盖小丽.新时代高职院校劳动教育研究[M].长春:吉林大学出版社,2023.

[9] 刘丽红,肖志勇,赵彤军.新时代劳动教育理论与实践教程[M].北京:中国民主法制出版社有限公司,2022.

[10] 谭志福.大学劳动教育[M].济南:山东人民出版社,2022.

[11] 高小涵.大学生劳动教育与实践[M].成都:电子科技大学出版社,2022.

[12] 方小铁.大学生劳动教育[M].北京:北京理工大学出版社,2022.

[13] 李志峰.大学生劳动教育概论[M].武汉:武汉大学出版社,2021.

[14] 姜正国. 劳动教育与工匠精神教程[M]. 北京：北京理工大学出版社，2021.

[15] 王卫旗，王秋宏，刘建华. 大学生劳动教育教程[M]. 北京：北京理工大学出版社，2021.

[16] 龚立新. 新时代大学劳动教育[M]. 北京：中国言实出版社，2021.

[17] 汪永智，郭宏才，荣爱珍. 劳动教育[M]. 北京：北京理工大学出版社，2021.

[18] 陈森，赵万江，唐杰. 劳动教育[M]. 北京：高等教育出版社，2021.

[19] 王一涛，杨海华，赵阳，等. 大学生劳动教育与实践[M]. 苏州：苏州大学出版社，2021.

[20] 王文婷. 高校劳动教育理论与实践研究[M]. 长春：吉林出版集团股份有限公司，2022.

[21] 李臣之，黄春青. 新时代劳动教育课程设计与实施[M]. 广州：广东教育出版社，2022.

[22] 陈锋，褚玉峰，邹琍琼. 新时代劳动教育理论与实践教程[M]. 上海：同济大学出版社，2020.

[23] 张其光. 新时代高校劳动教育的回归与转型研究[M]. 北京：九州出版社，2021.

[24] 刘建锋，刘有为，李咸洁. 高校劳动教育理论课教学模式路径创新研究[M]. 成都：西南交通大学出版社，2023.

[25] 张宝歌. 高校人才培养质量保障体系研究[M]. 天津：南开大学出版社，2022.

[26] 王瑶. 创新创业教育背景下高校人才培养模式研究[M]. 北京：现代出版社，2022.

[27] 赵杨. 创新创业实践与应用型高校人才培养研究[M]. 北京：中国纺织出版社，2022.

[28] 杨曦. 高校人才培养和劳动力市场需求对接研究[M]. 北京：北京首都经济贸易大学出版社，2021.

[29] 刘建林，郭立宏. 高校人才培养的理论与实践探索[M]. 西安：西北

大学出版社，2019.

[30] 蔡明山.地方高校应用型人才培养的研究与实践[M].上海：复旦大学出版社，2020.

[31] 胡黄.新时代高校科研人才培养与创新[M].海口：南海出版公司，2023.

[32] 汪睿.高校拔尖创新人才培养模式研究[M].武汉：武汉大学出版社，2021.

[33] 赵威.基于应用型人才培养的高校学生管理创新模式研究[M].长春：吉林出版集团股份有限公司，2021.

[34] 张琳.新时代高校劳动教育人才培养工作的现状与思考[J].就业与保障，2021（18）：142-143.

[35] 许泽浩，刁衍斌.基于系统思维的高校劳动教育人才培养路径探索[J].高教探索，2023（1）：114-118.

[36] 钟婷，陈君，柳国娜.基于创新型人才培养的高校劳动教育现状与实施路径[J].西部素质教育，2023，9（16）：95-98.

[37] 崔骥，刘磊，牛绿原，等.劳动教育背景下构建实践教学创新人才培养体系[J].黑河学院学报，2022，13（9）：28-30.

[38] 李倩.劳动教育在高校人才培养中的价值意蕴与实现路径研究[J].无锡职业技术学院学报，2022，21（3）：23-26.

[39] 吴福茹，黄苏芬.新时代人才培养全过程视阈下大学生劳动教育途径探索[J].蚌埠学院学报，2022，11（5）：98-100.

[40] 王尘.浅析劳动教育在高校人才培养中的作用[J].河南教育（高教版），2021（5）：67-68.

[41] 辛婷，周凤生.劳动教育在高校人才培养中的意义与功能探析[J].西南科技大学学报（哲学社会科学版），2021，38（1）：85-89.

[42] 傅阳.劳动教育融入高校创新人才培养的价值与路径[J].创新与创业教育，2021，12（2）：18-23.

[43] 陈惠军.新时代高校劳动教育的机制与路径研究[J].中国测试，2021，47（5）：179.

[44] 薛诚, 华章琳. 新时代应用型高校开展劳动教育的价值、难题与对策 [J]. 教育与职业, 2022（9）: 103-108.

[45] 杜先伟. 论大学生新时代劳动精神培养 [J]. 教育评论, 2019（4）: 16-20.

[46] 周姣术, 周筱芬. 新时代高校加强劳动教育的实践路向探究 [J]. 产业与科技论坛, 2023, 22（8）: 150-152.

[47] 吴垚. 新时代开展大学生劳动教育的实施路径 [J]. 四川劳动保障, 2023（9）: 31-32.

[48] 莫燕平, 薛桥. 劳动教育与工匠精神融合培育的路径选择与实践 [J]. 镇江高专学报, 2022, 35（4）: 57-59.

[49] 许涛. 基于创新素质培养的新时代高校劳动教育 [J]. 创新与创业教育, 2021, 12（6）: 75-80.

[50] 张雪梅, 胡露露. 新时代青年劳动教育的特点及趋势 [J]. 中国青年社会科学, 2021, 40（5）: 68-75.

[51] 汪荣青. 产教融合视域下的劳动教育要素特质与学习方式 [J]. 现代职业教育, 2021（17）: 70-71.

[52] 刘向兵, 曲霞, 黄国萍. 高校劳动教育体系化构建的学理与实践 [J]. 中国大学教学, 2021（9）: 30-36.

[53] 于玺, 刁衍斌. 新时代大学生劳动教育优化路径 [J]. 中国高等教育, 2022（2）: 50-52.

[54] 马然, 武永花. 高校国际化应用型人才的素质构成与培养模式研究 [J]. 中国成人教育, 2016（11）: 52-54.

[55] 马然, 栾琪. 高校创新人才培养模式探析 [J]. 继续教育研究, 2016（12）: 120-122.

[56] 薛倩, 马然. 高校应用型人才培养体系构建 [J]. 继续教育研究, 2017（12）: 115-117.